Ernest Duvergier de Hauranne

Le Salon de 1874

Critique

ISBN : 978-1981233311

10   9   8   7   6   5   4   3   2   1

Ernest Duvergier de Hauranne

Le Salon
de 1874

Critique

Table de Matières

Introduction	6
Section I	7
Section II	17
Section III	22
Section IV	30
Section V	41
Section VI	47
Section VII	54
Section VIII	60

Introduction

Si par hasard notre civilisation venait à disparaître dans quelque grand cataclysme, sans laisser derrière elle ni documents écrits, ni traditions verbales, et si la destruction s'arrêtait par miracle à la porte de l'exposition des beaux-arts, les historiens et les archéologues qui viendraient en explorer les ruines n'auraient pas besoin d'autres témoignages pour ressusciter la société contemporaine, et pour en tracer un portrait fidèle aux générations suivantes. La critique moderne, si ingénieuse à reconstruire les civilisations mortes, trouverait cette tâche comparativement bien facile, et dédaignerait peut-être de s'en occuper. Ce ne serait point en effet sur de simples indices, sur des renseignements obscurs, qu'elle aurait à former des hypothèses plus ou moins aventureuses ; elle aurait sous les yeux la réalité même et, pour ainsi dire, la représentation vivante des idées de notre temps. Or il est souvent plus commode d'avoir à deviner qu'à comprendre, et il pourrait fort bien arriver qu'en présence de tant de témoignages minutieux et irrécusables de nos sentiments et de nos idées, de nos goûts et de nos mœurs, de nos vices et de nos vertus, de nos modes et de nos ridicules, à la vue de cet art éclectique, exotique et cosmopolite, que le besoin de la nouveauté ou le plaisir du scandale entraîne si souvent en dehors des voies naturelles, les critiques de l'avenir éprouvassent quelque embarras à en déterminer les véritables tendances et à distinguer ce qu'il y a d'artificiel ou de sincère dans les idées dont il est l'expression.

Tel est l'embarras que nous éprouvons pour notre part en parcourant le Salon. Nous y reconnaissons l'image de la société contemporaine ; il nous semble que nous passons en revue toutes les idées de notre temps. Seulement, lorsque nous cherchons ensuite à résumer ces impressions diverses pour en extraire une opinion précise sur le caractère de l'art contemporain ou un jugement arrêté sur son avenir, nous tombons dans l'incertitude et dans la confusion. Au milieu de tant de systèmes opposés, de tant d'écoles différentes, dans ce chaos de vulgarités prétentieuses et de banalités estimables, où perce à peine de loin en loin un talent vraiment original, on se demande à qui l'on doit croire. Le bien et le mal se mêlent si étrangement, les traditions durent si peu de temps, les nouvelles écoles sont si vite florissantes et si vite frappées de stérilité, que parfois il est difficile de dire de quel côté est la décadence et dans quel sens est le progrès. La mobilité, l'incohérence, l'indiscipline, le charlatanisme, le défaut de fixité dans les traditions et dans les doctrines, paraissent être le seul caractère de l'art contemporain, comme ils sont, à ce qu'on assure, celui de la société contemporaine.

Ne nous arrêtons pas à ces apparences décourageantes. Au fond, la critique d'art n'a jamais été plus intéressante que dans ce moment de crise où l'art se disperse dans tous les sens, à la recherche d'un progrès encore inconnu. Ses entreprises même les plus infructueuses et les plus téméraires, ses tentatives de renouvellement ou de résurrection les plus malheureuses, ses affectations exagérées d'indépendance à côté de ses imitations serviles, ses essais de brutalité révolutionnaire et ses réactions froidement dogmatiques, tous ces efforts désordonnés pour s'ouvrir des horizons nouveaux, toute cette agitation un peu anarchique et jusqu'à présent assez stérile, y ajoutent au contraire un intérêt de plus : elles éveillent la curiosité, elles ouvrent la porte à l'espérance ; elles montrent dans tous les cas l'inquiétude qui travaille nos artistes, le désir du mieux qui les tourmente et qui parfois les égare. Nous parviendrons peut-être à démêler, par une attentive observation des faits, quelle est aujourd'hui celle des branches de l'art qui résiste le mieux à la mauvaise influence des mœurs, et à laquelle nous devons attacher nos dernières espérances d'avenir.

Section I

Il ne faut pas se le dissimuler, la civilisation moderne n'est pas un milieu favorable à l'éclosion du grand art. Il y a longtemps qu'on se demande à quoi tient sa décadence et qu'on avise pédantesquement aux moyens de le faire refleurir. On a pour cela des recettes particulières, des procédés de culture infaillibles, et l'on s'en prend à l'administration, comme si elle pouvait faire des miracles. Si le grand art dépérit, c'est qu'il n'y a pas de grandes idées pour le nourrir, c'est que les dehors vulgaires, les habitudes frivoles ou mercantiles, le tour d'esprit sceptique et positif de notre société bourgeoise, n'ont rien qui échauffe l'imagination poétique, et qui puisse inspirer aux artistes, avec l'ambition des grandes entreprises, le dévouement et la conviction nécessaires pour les mener à bonne fin.

Cette réflexion s'impose à l'esprit, lorsqu'en parcourant nos expositions annuelles on y cherche de préférence les œuvres sérieuses et sévères. Les tableaux de style ou soi-disant tels sont assez nombreux cette année, et il n'est pas impossible que les encouragements officiels soient pour quelque chose dans cette abondance apparente. Il y a dans l'art, comme dans la politique, une espèce de parti légitimiste qui invoque le principe de l'autorité traditionnelle, et qui en conserve pieusement le dépôt. Ces classiques obstinés demeurent vaillamment sur la brèche, et cela est d'autant plus méritoire qu'ils ont peu de chose à attendre de la faveur publique. Les commandes de l'état sont habituellement leur seule récompense, et l'espérance de trouver un refuge à l'Institut reste leur unique consolation. Il y a quelques années, les deux plus grands maîtres de cette école, Ingres et Flandrin, vivaient encore, et l'éclat de leur vigoureuse vieillesse cachait la médiocrité de leurs successeurs. Où sont aujourd'hui leurs descendants ? On a quelque peine à les reconnaître, car on ne trouve plus guère, à la place laissée vide par ces deux grands noms, que quelques fabricants corrects comme M. Bin, quelques habiles faiseurs d'images comme M. Lazerges, quelques décorateurs négligents comme M. Puvis de Chavannes, et quelques mythologues entêtés comme M. Picou.

Est-ce M. Bin qui est aujourd'hui leur chef ? On serait presque tenté de le croire, à voir sa fécondité pleine d'assurance et ses procédés imperturbablement académiques. A coup sûr, s'il n'est pas le chef de l'école classique, il est un de ceux qui en gardent le mieux la tradition et dont elle a le moins à rougir. On ne saurait en effet reprocher à M. Bin de ne pas cultiver la grande peinture. La grandeur est précisément son fort ; nous voulons parler de ce genre de grandeur qui réside surtout dans les dimensions. Il se plaît aux peintures colossales, aux toiles prodigieuses et cependant à peine assez vastes pour contenir un ou deux personnages gigantesques, qu'il baptise au hasard de quelque nom pris dans Homère ou dans Eschyle. M. Bin n'est pas seulement un classique ; il appartient, pourrait-on dire, à l'école cyclopéenne. Il entrevoit le génie de la Grèce, le plus humain, le mieux équilibré, le mieux proportionné qui fut jamais, à travers les fantaisies monstrueuses de la mythologie indienne ou à travers les exagérations enfantines des contes de Perrault. Dans son naïf désir de faire grand, il se livre à des amplifications démesurées, obtenues le plus souvent par des moyens mécaniques, — d'ailleurs dessinateur habile, possédant à fond les principes de son art, connaissant sur le bout du doigt les proportions réglementaires de la figure humaine, appliquant sa science, presque sans effort, à toutes les attitudes et à tous les sujets. Cette année, sans descendre tout à fait de l'olympe, il daigne revenir à des dimensions plus modestes. La *Vénus Astarté*, se promenant sur les vagues et tordant ses cheveux roux au-dessus de sa tête de ses deux bras académiquement repliés, manque d'élégance et de finesse autant que de fermeté vraie ; elle ne manque pas d'une certaine majesté pesante qu'elle doit à sa correction et à sa froideur même.

Est-ce M. Puvis de Chavannes que nous allons saluer chef d'école ? Nous avons déjà dit ce que nous pensions de ce maître. En fait de grandeur, il ne le cède pas à M. Bin ; en fait de dessin, il est loin de l'égaler ; en fait d'invention et de composition, il se contente à peu de frais, et il prend trop volontiers ses intentions à peine ébauchées pour des réalités achevées. Il n'a ni la consciencieuse exactitude du fabricant honnête et laborieux, ni le génie et la conviction qui se plaisent à dominer les obstacles. Il ne semble s'être adonné à la grande peinture allégorique qu'afin d'échapper aux exigences d'une fidèle imitation de la nature. Pour se dispenser de donner un corps aux ombres étriquées qu'il promène à travers ses toiles, il les délaie dans un badigeon blafard où les formes s'évanouissent et s'éteignent. D'ailleurs le sentiment de l'action lui manque comme la précision de la forme ; les seuls sujets qui lui conviennent sont ceux où le mouvement languit, où la pensée s'endort et où l'imagination décorative prend le pas sur l'action dramatique.

Charles Martel sauve la chrétienté à la bataille de Poitiers. A en juger par ce titre, on s'attend à voir quelque magnifique mêlée, comme la bataille de Constantin contre Maxence, ou quelque majestueuse ordonnance triomphale, comme cet admirable dessin de Decamps qui représente la *Prise de Jéricho*. Vain espoir ! Ce n'est qu'une grande toile plate et brouillée, au milieu de laquelle le héros, bardé d'une armure cotonneuse, assis sur un cheval de carton qui s'écrase de son propre poids, lève son marteau vers le ciel d'un geste qui rappelle les cérémonies maçonniques ; derrière lui, ses chevaliers, pressés confusément, forment une masse lourde et pâteuse qui semble fondre à vue d'œil ; en face, un groupe étriqué de prélats et d'hommes d'église s'allonge en tranche au bord du cadre, trop restreint pour le contenir ; au premier plan, un autre groupe confus, raide et disgracieux, représente des prisonniers accroupis auxquels de maigres et charitables femmes offrent pieusement à boire. Non vraiment, ce n'est pas non plus M. de Chavannes qui relèvera la grande peinture en France.

Voici du moins un élève authentique d'une grande école : c'est M. de Vignon, qui fit jadis ses premières armes dans l'atelier de Léon Cogniet. Léon Cogniet fut le dernier rejeton de cette école académique du premier empire, qui avait de si nobles qualités au milieu de quelques ridicules. Il en avait l'emphase dramatique, la solennité un peu tendue, la grandeur voulue, mais réelle ; on pourrait dire de lui que c'était un David ou un Girodet romantisé. On sent l'imitation du maître dans l'immense toile que M. de Vignon expose sous le titre de *Funérailles de Pompée* ; on ne la sent même que trop. L'auteur est trop préoccupé de s'approprier cette sobriété sévère qui donne un tel aspect de grandeur à la solitude du *Marins assis sur les ruines de Carthage*. Chose triste à dire, quand même M. de Vignon ferait revivre sous son pinceau, quelque chose du génie de ses devanciers, il trouverait aujourd'hui peu d'admirateurs. Les contemporains de Talma sont démodés et dépaysés parmi les auditeurs de *Barbe-Bleue* et de *la Belle Hélène*.

On s'en aperçoit à chaque pas. Tantôt c'est *la Gloire posthume* de M. Baader, œuvre abstraite et glacée d'un artiste dont le talent s'épuise à lutter contre l'indifférence du public. Tantôt c'est *le Mariage de la Vierge* de M. Leloir, tableau harmonieux, élégant et symétrique, qu'entoure une épaisse atmosphère de convention et de froideur. Tantôt c'est la frise où M. Ehrmann nous déroule l'histoire de l'art dans un style de bas-relief qui rappelle celui de M. Gleyre, son maître. Tantôt c'est M. Hennebicq, un homme de talent, qui taille bravement sa toile en pleine histoire romaine, et qui nous représente, d'après Tacite, une *Messaline* sortant de Rome sur la charrette aux ordures, au milieu des huées de la populace ; cette toile a de la vigueur et une certaine gravité imposante qui rappelle de loin les grandes scènes romaines de Court et de Lethière ; mais l'action en est languissante et d'un sentiment presque découragé. Tantôt c'est M. Picou, qui lui du moins n'est pas accessible au découragement, et qui s'obstine à nous étaler, dans un paysage de plâtre et de carton peint, une troupe de nymphes en papier mâché, coloriées avec de la brique pilée et peinturlurées de draperies criardes ; elles s'enfuient en gambadant lourdement devant un petit Cupidon qui leur décoche des flèches du sein d'une auréole jaune ; ces malheureuses filles ressemblent à ces poupées de carton sur lesquelles les marchandes de modes essaient les chapeaux de femmes ; on ne s'explique pas, à voir la mollesse de leurs membres ronds et engorgés, comment elles peuvent bondir à une aussi grande hauteur ; leurs mouvements sont figés comme ceux des figurantes que l'on suspend au-dessus du théâtre, attachées à des fils de fer invisibles. Décidé ment la rentrée en scène de M. Picou ne sert qu'à nous présenter en sa personne la triste image de la décadence de l'école dont il a été lui-même une des plus brillantes espérances. Le tableau de M. Blanchard, *Hylas entraîné par les nymphes*, contraste heureusement avec les marionnettes de M. Picou. Là du moins, faute d'un sentiment très pur et d'une exécution très ferme, le classique est vivifié par un naturalisme sincère et par une intelligence délicate des symboles de la mythologie païenne. Au bord d'une rivière tranquille et profonde, sous de frais et ténébreux ombrages, le jeune homme se couche sur la berge et se penche au milieu des grandes herbes, en s'accrochant à un vieux tronc d'arbre qui surplombe au-dessus des eaux. Tandis qu'il remplit sa cruche ou plutôt son urne, les nymphes aux formes ondoyantes, aux yeux noirs, profonds et perfides, sortent de leurs retraites obscures et cherchent à l'attirer doucement en lui soufflant au visage la délicieuse fraîcheur de leurs ondes. Elles le séduisent par leurs caresses plutôt qu'elles ne l'enlacent de leurs embrassements. L'une se soulève au-dessus de l'eau, légèrement suspendue à une guirlande de lierre, et elle passe doucement sa froide main sous le menton de l'adolescent fasciné ; l'autre, nonchalamment renversée en arrière, se laisse flotter à la surface de l'eau comme une fleur de nénufar blanc ; du bout de sa main négligemment étendue, elle effleure à peine le bras de sa victime, qui frémit de ce contact voluptueux et léger. La mythologie ainsi comprise est encore de notre temps, car elle n'est que l'interprétation animée du langage de la nature, et elle prête pour ainsi dire un corps au paysage, dont nous n'avons pas encore cessé de comprendre et d'admirer les beautés.

La religion va-t-elle au moins nous offrir une source d'inspirations plus sincères ? Comme on devait s'y attendre, en ce temps de réveil religieux et de réaction cléricale, les tableaux de dévotion sont assez nombreux ; mais il y a peu de religion dans ces tableaux, et le peu qu'ils en contiennent est tout à fait à la mode du jour. Ils ne respirent, pour la plupart, qu'une piété bourgeoise et affadie ou une dévotion de commande, qui dégoûte plus qu'elle n'émeut. Malgré les miracles et les pèlerinages en vogue, il est visible que le sentiment religieux manque aujourd'hui de profondeur ; il n'a plus ni cette énergie austère qui engendre les grands dévouements, ni cette grandeur poétique et naïve qui produit les chefs-d'œuvre. La religion, soit dit à notre honte, est pour la plupart de nos contemporains une convenance officielle et un moyen de parvenir. Plus elle se répand en pratiques insignifiantes et en manifestations théâtrales} plus elle tourne au pharisaïsme prosaïque et utilitaire. La plupart des hommes qui étalent aujourd'hui leurs croyances le font surtout par intérêt ou par système ; les plus convaincus le font pour l'exemple et pour l'effet qu'ils espèrent produire. Il en est à peu près de même de ceux de nos artistes contemporains qui se sont adonnés particulièrement au genre religieux. Nous ne les accusons pas d'hypocrisie, — la foi de l'esprit est inutile là où celle de l'imagination suffit, — mais ils ont respiré l'air de la société incrédule où ils vivent. Les uns sont de simples artisans qui exercent un métier, les autres sont des médiocrités qui se gourment et des spéculateurs en gravité pharisienne ; les meilleurs se livrent à des résurrections savantes, à des imitations composites des anciens modèles. Quelques-uns, arrivés à un rang élevé dans l'école, se croient tenus d'aborder les sujets religieux pour soutenir leur rang, comme ces fonctionnaires ou ces seigneurs de village qui se croient obligés, pour l'honneur de leur nom, de marcher en tête des processions de leur paroisse. Ils prennent alors un air de parade et d'emphase à travers lequel ils laissent percer une certaine négligence de manières qu'ils prennent pour de la dignité.

Voyez par exemple les *Quatre Évangélistes* de M. Monchablon :

quelle désinvolture ! quelle insouciante aisance ! quel style de fioritures calligraphiques ! — Voyez le *Stabat Mater* de M. Lazerges : quelle adresse banale et facile ! quel superbe dédain du modèle ! quel talent de se mettre à côté de la nature et de la représenter à peu près, sans la copier ! Cette peinture blême, amollie, sans muscles, sans vigueur, ces chairs de cire transparente et fondante, ce clair-obscur à effet qui enveloppe la scène et fait saillir les figures, tout dans ce tableau raconte la fabrication savante exécutée, suivant un type convenu, par une main qui n'hésite plus jamais. Et le *Saint Laurent martyr* de M. Lehoux ? Celui-ci du moins dessine avec une certaine vigueur et n'en épargne pas l'étalage ; sa toile est un entassement confus de raccourcis brutaux, de gestes violents, un fouillis hurlant de jambes, de bras, de torses et de têtes qui se contournent à grand renfort de muscles, sans harmonie, sans style et sans dignité. — Hélas ! il n'est pas jusqu'à M. Cabanel lui-même qui, malgré ses éminentes qualités, ne mérite d'être rangé cette année parmi les fabricants habiles avec son Saint Jean-Baptiste maladif et étriqué, qui semble avoir subi l'influence de la *Malaria* de M. Hébert. Sans douter le jeune prophète en est à a sa première extase ; » depuis qu'il s'est retiré dans le désert, il a jeûné, il a veillé ; le rocher contre lequel il s'est blotti doit être une couche fort incommode, et l'expression égarée de son regard, la mine, inquiète et fiévreuse de sa tête brune qu'il incline languissamment sur ses mains croisées, sont bien d'un ascète réduit à se nourrir de sauterelles ; mais pourquoi faut-il que de pareilles idées se présentent involontairement à l'esprit du spectateur ? Pourquoi l'homme de Dieu est-il accroupi dans cette posture misérable, qui fait ressortir les angles de sa charpente chétive et les os dénudés de sa jambe maigre ? A quoi rime en peinture cette espèce de réalisme analytique, qui appauvrit un sujet à force de le creuser ? Ce tableau restreint, dont tout l'intérêt se concentre dans une seule figure, exigeait, soit plus de majesté d'attitude, soit plus de noblesse d'expression ; tel que le voilà, il ne sert qu'à marquer toute la distance qui sépare, en fait d'art, les créations abstraites du raisonnement des créatures vivantes de l'imagination et de la foi.

Nous préférons, à tout prendre, *la Madeleine dans le désert* de M. Henner. Voilà du moins un tableau simple et sans intentions raffinées ! Cette extrême simplicité, qui est son défaut, est en même temps son plus grand charme. La pécheresse repentie est assise ou plutôt à demi couchée contre un rocher, dans une attitude un peu raide, un peu insignifiante, mais profondément naturelle. Son corps blanc et nacré, ceint d'une draperie bleue, est peint de cette touche grasse et fondue, il se modèle avec cette suavité puissante et avec cette science du clair-obscur qui fait songer, quand on regarde les tableaux de M. Henner, à certaines figures de Corrège. Les mains jointes devant elle, elle ferme les yeux et s'endort de l'air calme et douloureusement recueilli d'une femme qui a beaucoup pleuré. Ce n'est pas sa faute si elle a les formes un peu lourdes et vulgaires du modèle à la ressemblance duquel elle est faite. — *Le Bon Samaritain*, du même auteur, est conçu dans le même sentiment. Peint dans une gamme discrète et pâle, presque dans le ton d'une grisaille, les nus y ont cependant un éclat paisible et une sorte de rayonnement lumineux. Le blessé est étendu tout de son long, dans une attitude assez gauche, la tête renversée, les jambes en l'air, le visage exsangue, plongé dans un évanouissement douloureux qui ressemble à la mort. Le Samaritain se penche sur lui maladroitement, entortillé dans une couverture qui paraît gêner beaucoup ses mouvements et sous laquelle on ne devinerait pas de corps, s'il n'en sortait un bras lourd et disgracieux. Tout l'effet du tableau réside dans la figure abandonnée du mourant, qui, malgré quelques imperfections, notamment dans le dessin des jambes, est vraiment fort belle et fort expressive. Si nous osions définir le talent de M. Henner, nous dirions que c'est un peintre de naissance plutôt qu'un artiste accompli ; c'est positivement un descendant de Corrège, moins le génie.

Le *David* de M. Delaunay ne pèche ni par l'extrême simplicité de M. Henner, ni par l'extrême subtilité de M. Cabanel. C'est un pastiche de Dubois transposé en peinture. Il s'avance vers le spectateur, un immense glaive sur l'épaule, élevant triomphalement de l'autre main la tête coupée de Goliath. La jambe gauche, qui reste en arrière, semble chercher, pour s'y poser, cette tête qui n'est plus là, et l'on ne sait trop comment elle s'appuie sur le sol qui fuit derrière elle. Cette figure, quoique fermement dessinée, est d'un aspect anguleux et étriqué. Le fond est meublé d'un côté par un groupe de soldats sonnant de la trompette, de l'autre par un cavalier bardé de fer, à moitié engagé dans un pli de terrain. Aucune pensée intéressante, aucune poésie pittoresque ne se dégage de cette toile, œuvre froide et déclamatoire d'un talent qui se néglige.

Enfin voici la *Sainte Famille* de M. Humbert. Ici du moins nous respirons à l'aise et nous pouvons nous arrêter à loisir. Cette toile, d'un style un peu travaillé, n'en a pas moins une franchise virile et une fierté d'aspect vraiment magistrale ; c'est incontestablement le meilleur tableau religieux du Salon. La scène est une de ces campagnes romantiques où les vieux maîtres italiens aimaient à placer leurs images saintes. La Vierge est, comme les madones de Pérugin, assise sous un dais qui coupe le paysage en deux compartiments égaux. Droite, élégante, impérieuse, presque hautaine sous sa cape rouge et dans sa robe rouge, elle jette sur le spectateur un regard à la fois méditatif et dédaigneux, un de ces regards devant lesquels on s'incline, quoiqu'on ne puisse pas les rencontrer en face. De sa main fine et noblement effilée, elle entoure et soutient son fils, qui se dresse lui-même en souriant avec une majesté précoce et naturelle. Cette femme aux yeux noirs, au teint brun, à la tête sévère, au geste superbe, n'a rien des tendresses angéliques ou des mièvreries ravissantes des blondes et virginales madones de Raphaël ou de Corrège. A vrai dire, ce n'est pas une vierge ni une mère, c'est plutôt une reine, et c'est un prince de sang royal qu'elle présente à l'adoration des hommes. Reine, vierge ou mère, elle a un aspect surhumain qui subjugue, et cet aspect est d'autant plus saisissant qu'il est presque impossible à définir. Elle mêle à la noblesse florentine quelque chose de la vigueur colorée des puissantes madones du Titien, sinon même quelques nuances de l'expression énigmatique et froide qu'on rencontre sur les figures de Léonard. Les maîtres dont elle descend le plus directement sont Donatello et André del Sarto ; encore ne se rattache-t-elle à ce dernier que par l'intermédiaire de son élève, le dur et fier Pontormo. Quand on a tant de peine à trouver l'arbre généalogique d'une œuvre d'art, on est bien près d'y reconnaître une création originale. Insisterons-nous maintenant sur ses défauts ? Lui reprocherons-nous une draperie qui ne fait peut-être pas assez sentir le dessin du genou, la cuisse et la jambe imparfaites de saint Jean-Baptiste, certains défauts d'harmonie sensibles surtout à distance, et le barbouillage noirâtre qui, à mesure qu'on s'éloigne, semble envahir la figure peut-être un peu brouillée de l'enfant Jésus ? Nous n'en avons pas le courage ; nous sommes trop heureux de saluer une belle œuvre et d'applaudir à un grand talent qui rentre dans la bonne voie. C'est presque un tableau religieux que le *Sarpédon* de M. Henri Lévy. Tandis que M. Humbert donne à sa déesse chrétienne toute la dignité d'une reine de l'olympe, M. Lévy mêle à la mythologie païenne un je ne sais quoi de plus sentimental, de plus moderne et pour ainsi dire de plus chrétien. Il est vrai que le sujet s'y prête, et le bon Homère, à qui M. Lévy l'emprunte, donne volontiers aux dieux les tendresses avec les colères humaines. La Mort et le Sommeil apportent à Jupiter le corps de son fils Sarpédon, tué au siège de Troie. Au sein d'un nuage diapré, d'une couleur sombre et mélancolique, qui par en bas traîne sur des montagnes noirâtres, et par en haut touche aux portiques lumineux de l'empyrée, le corps blanc du jeune héros s'élève, assis dans les bras des deux divinités funèbres, et sa tête renversée se présente aux portes de l'olympe, où Jupiter lui dépose un triste baiser sur le front. Oui certes, malgré l'aigle, malgré la foudre, malgré la couronne royale posée sur sa tête, il y a du père éternel dans ce roi des dieux, et c'est bien ainsi qu'on pourrait concevoir, si le dogme chrétien le permettait, Dieu le père accueillant dans ses bras son fils supplicié pour les péchés des hommes. D'ailleurs le jeune homme, assis, les bras pendants, renversé en arrière sur sa couche de nuées, est d'une beauté un peu frêle, qui n'a rien de la vigueur païenne. La Mort, reconnaissable à sa pâleur, à ses yeux fermés et à son carquois funèbre, ressemble plus à une déesse du sommeil qu'à la divinité de l'Erèbe. C'est encore moins le spectre décharné du moyen âge ou le squelette fantastique de la danse macabre ; c'est la mort telle que l'entendait la sagesse païenne, la mort énigmatique et glacée, mais sans hideux appareil et sans vaines terreurs, la mort, au sein de laquelle on se repose comme dans le silence de la nuit. Quant au génie du Sommeil, qui s'enlève légèrement, les ailes déployées, soutenant de ses genoux et de ses bras le nuage qui enveloppe le héros, c'est peut-être la figure la plus achevée qui soit jamais sortie du pinceau de M. Lévy. Cette fois plus de maigreurs maladives, plus de sécheresses du modelé, plus de cercles noirs autour des corps brillants ; les personnages sont enveloppés dans la masse, et l'air y circule. Si M. Lévy pouvait reculer de cent ans en arrière, les grands peintres allégoriques du commencement du siècle dernier reconnaîtraient en lui leur élève, si même ils n'étaient obligés de le saluer quelquefois comme un maître.

Section II

Nous sommes déjà loin de notre point de départ. Avec M. Humbert, avec M. Lévy, avec M. Delaunay lui-même, nous avons glissé du style académique dans ce qu'on appelait, il y a quelques années, le style romantique, et à ce contact de la pensée moderne nous avons senti tout à coup l'art se réchauffer et s'épanouir. Pourtant le romantisme lui-même, qui a exercé autrefois une si grande influence sur le goût français, est maintenant en décadence. Au fond, l'art romantique n'a jamais pu devenir très populaire en dehors des artistes et des lettrés ; même au temps de sa plus grande prospérité beaucoup de ceux qui l'admiraient sur parole avaient quelque peine à le comprendre et lui préféraient secrètement des banalités académiques, qui avaient au moins le mérite d'être claires. Le romantisme a été l'instrument d'une révolution dans le goût public, il ne pouvait pas en être le but : ce n'était qu'un effort pour rajeunir un art pétrifié et pour introduire dans son domaine l'histoire et la poésie modernes. A mesure que la grande poésie s'éteignait, le romantisme a faibli. Où sont à présent les descendants de Delacroix et de Decamps ? Il n'est guère resté des traditions de ces grands peintres que leurs procédés matériels, leur style d'ornementation, ce qu'on pourrait appeler leur manteau pittoresque : le corps lui-même a disparu ou s'est singulièrement amoindri. De même qu'en littérature les coloristes, les ciseleurs de mots, les *parnassiens*, comme ils s'appellent, ont succédé à nos grands poètes, de même nos petits romantiques, *poetæ minores*, ont transporté sur de petites toiles et appliqué surtout à de petites idées la facture et l'imagination de leurs maîtres. C'est ainsi que sont venues au monde toutes ces œuvres tapageuses, prétentieuses et négligées, ces fantasmagories extravagantes, ces allégories laborieuses, ces vulgarités déclamatoires qu'on a longtemps reprochées à l'école romantique, et dont le bon sens public commence heureusement à se dégoûter.

Voyez par exemple M. Gustave Doré. C'est le type accompli du romantique de la décadence ; c'est le peintre des buveurs d'absinthe. Tout en illustrant le Dante et la Bible, il aurait dû faire des vignettes pour les contes d'Edgar Poe. Une déplorable facilité mise au service d'une imagination froidement délirante, nulle, conscience, nul respect de la nature, aucun souci de la logique, aucune autre préoccupation que celle de l'effet. En voyant les tableaux de M. Doré, on songe involontairement à certains décors de théâtre éclairés par la lumière électrique. Les *Martyrs chrétiens*, qu'il expose cette année, représentent, à la lumière des étoiles, le cirque dégarni de spectateurs et jonché de cadavres, à travers lesquels se promènent des lions sans doute repus d'avance, car ils ne daignent même pas les dévorer. Des anges symétriquement rangés en triangle descendent du ciel étoilé. Ces féeries de la Porte-Saint-Martin n'ont plus guère de succès en France, mais il paraît qu'on en trafique encore en Angleterre. Prenons maintenant, dans un autre genre, le tableau, de M. Cormon, *une Jalousie au sérail*. Dans le clair-obscur rougeâtre et pailleté d'une alcôve tendue de soie et de velours, un eunuque noir relève le cadavre d'une femme blonde et blanche qui pendant la nuit s'est frappée au cœur. Blême et déjà raidi par la mort, le corps délicat et nacré de la jeune femme se renverse encore dans l'attitude douloureuse où elle a reçu le coup mortel ; l'eunuque la dégage des tissus légers et ensanglantés qui l'enveloppent. Cette figure est d'une grande puissance de coloris et d'une incontestable beauté. Au-dessus d'elle, une autre femme brune, presque jaune, couchée sur le ventre et accoudée au bord du lit, avance sa tête plate et fine comme celle d'une vipère ; de ses longs yeux fendus en amande, elle regarde en souriant le cadavre de sa rivale, avec une expression de curiosité cruelle et de méchanceté satisfaite. Malgré tout, la toile de M. Cormon est encore une œuvre subalterne, un de ces morceaux romantiques de haut goût, où le brillant de la couleur dissimule la médiocrité d'une imagination vulgaire et la négligence d'une composition sans intérêt.

Le regretté Henri Regnault n'était pas lui-même exempt de ces défauts, qu'il rachetait par une grande franchise d'exécution et par une grande largeur dans le coup d'œil ; il oubliait quelquefois les côtés les plus élevés de son art pour s'abandonner, suivant sa fougueuse nature, à la *fantasia* de la couleur. La *Salomé*, qui a fait école, est un morceau admirable d'un art un peu malsain. On se rappelle l'invasion d'orientales empanachées qui suivit l'apparition de ce chef-d'œuvre. Dans son *Exécution à Tanger*, Regnault nous montrait un bourreau qui coupe une tête : voici venir à présent M. Clairin, qui nous montre plusieurs bourreaux et toute une corbeille de têtes coupées. Où cela s'arrêtera-t-il ? De ce côté, nous sommes complètement sortis du grand art, et nous ne savons plus guère par quelle porte y rentrer.

Un louable effort a été tenté pour y rentrer par la porte du réalisme. Sous l'influence des chefs-d'œuvre de l'école espagnole, un certain nombre de peintres ont entrepris à leur tour de rajeunir en France la grande peinture, en s'affranchissant tout à la fois de la fadeur des conventions académiques et des oripeaux fanés du romantisme, pour ne demander d'inspirations qu'à la nature et pour s'efforcer de faire des œuvres saines d'après des réalités saines. Quelques-uns sont allés jusqu'au bout dans cette voie ; rompant brutalement avec toutes les idées qui avaient alimenté l'art de leurs devanciers, ils se sont fait une esthétique nouvelle qui n'a servi qu'à leur fausser le goût. D'autres, plus prudents et peut-être plus sages, se sont contentés d'adapter le sentiment réaliste aux anciens sujets historiques ou religieux. Parmi ces derniers, le seul qui ait réussi et qui se soit fait une place incontestée parmi les maîtres est un artiste bien connu de nos lecteurs, M. Léon Bonnat.

Le grand défaut de l'école réaliste, défaut dont M. Bonnat lui-même n'est pas tout à fait exempt, c'est de peindre uniformément toutes les parties d'un sujet, et de donner la même importance à tout ce qui lui tombe sous le sens. Comme elle s'attache particulièrement au côté matériel des choses, qu'elle affecte de ne faire aucune différence entre tous les objets qui frappent également la vue, elle se préoccupe surtout de rendre chaque morceau avec puissance, et elle ne s'inquiète pas assez de les subordonner les uns aux autres. Elle ne veut voir la nature qu'avec les yeux du corps ; elle refuse systématiquement d'y appliquer les yeux de l'esprit, qui seuls cependant peuvent mettre chaque chose à son rang et donner à chaque détail sa véritable valeur. Les réalistes oublient, ou plutôt ils font semblant d'ignorer que la peinture n'est point une science exacte, qu'elle est l'art des relations, et que cet art consiste surtout à savoir ordonner les diverses parties d'un sujet en vue de l'effet et de l'ensemble ; ils s'épuisent vainement à égaler la nature, alors qu'ils devraient se contenter modestement de la transposer sur un autre mode ou de l'interpréter dans une autre langue. Assurément ce combat corps à corps avec la nature a produit plus d'une heureuse trouvaille et formé plus d'un talent vigoureux ; c'est une gymnastique nécessaire, qui sert à acquérir les instruments de l'art, mais qui n'est pas l'art lui-même, et qui ne doit pas en détourner la pensée. Quand elle devient la principale préoccupation du peintre, il en résulte un manque d'équilibre et d'harmonie, une prédominance exagérée de certains détails, et la figure humaine, qui est le centre naturel de toute œuvre d'art, finit par succomber à la concurrence des moindres objets qui l'entourent ; elle tombe au second rang quand elle devrait rester au premier. Tels sont les défauts naturels aux peintres de cette école, ou plutôt, — car il n'y a plus à proprement parler d'écoles, — de cette espèce de tempérament pittoresque. Tous les réalistes, grands et petits, depuis M. Courbet jusqu'à M. Pille, depuis M. Duran jusqu'à M. Manet, font des tableaux qui manquent plus ou moins d'harmonie. Les meilleurs peignent la figure humaine à la façon de la nature morte, et vraiment il y a plus d'un rapport entre la grande peinture comme ils l'entendent et telle nature morte d'un effet violent et dramatique, comme le *Coin de halle* de M. Vollon. A voir ce chaudron sombre aux reflets lugubres, ces poissons grimaçants dont la sinistre physionomie dit assez qu'ils ont crevé de male mort, on se demande en vérité pourquoi ce sujet n'en vaut pas un autre, et si au point de vue de l'intérêt pittoresque le poisson n'est pas quelquefois supérieur à l'homme. C'est une tragédie, et des plus émouvantes, plus émouvante peut-être que certaines compositions historiques ou religieuses de nos réalistes contemporains.

Revenons à M. Bonnat, de qui cette digression nous a écartés. A Dieu ne plaise que nous ayons voulu établir une comparaison inconvenante entre les poissons morts de M. Vollon et le *Christ en croix* de M. Bonnat ! Cependant la première impression que cette toile nous laisse, c'est qu'elle représente, elle aussi, un supplicié, le juste supplicié, comme le dit la noble et calme expression de sa tête résolument tournée vers le ciel, du geste d'une victime qui en appelle au souverain juge, — mais qu'enfin elle ne représente pas un Dieu. Incontestablement l'attitude est belle ; l'artiste a su donner à cette posture rigide et ingrate d'un homme cloué sur quatre planches un certain mouvement fier et simple à la fois. Ce grand corps nu qui se découpe sur un ciel sanglant et sombre, brutalement éclairé par un rayon d'en haut, et dont les bras étendus ont l'air de vouloir embrasser l'horizon, ne manque pas, si l'on veut, d'une certaine majesté tragique. Il y touche, mais il ne l'atteint pas. L'illusion s'évanouit avant même de naître ; les détails ne répondent pas à l'ensemble, et ils nuisent à l'effet général par la trop grande importance qu'ils ont prise. C'est une très savante et très vigoureuse étude de muscles gonflés, étirés, crispés, galvanisés par l'agonie ; mais toute cette anatomie n'a rien qui nous émeuve. Peut-être ce tableau trouvera-t-il un milieu plus favorable dans le demi-jour de la cour d'assises à laquelle il est destiné.

M. Laurens n'est point un élève de M. Bonnat ; son remarquable tableau, *Saint Bruno refusant les offrandes du comte de Calabre*, est cependant de la même école. C'est à M. Laurens surtout qu'il faut reprocher de traiter l'histoire comme la nature morte et de manquer d'harmonie à force de chercher la vigueur. Son ciel et ses fonds blancs ou roses sont d'une couleur si vive et si intense qu'ils tuent les premiers plans malgré leur dureté presque criarde. Cette toile a les défauts habituels à la peinture de M. Laurens. C'est un singulier mélange de lourdeur et de liquidité, d'abus du noir dans les ombres et d'abus de la transparence dans les demi-teintes. C'est dans la composition qu'en est le principal mérite. Il y a peu de chose à dire des envoyés du comte, qui déchargent leurs mules dans la cour du couvent et déposent leurs présents aux pieds du saint ; tout l'intérêt se concentre sur le groupe de moines drapés de blanc qui s'avance à leur rencontre sous le porche de l'église. Saint Bruno, qui marche à leur tête, se détourne en levant les bras avec une certaine affectation théâtrale qui manque un peu de majesté. Le moine qui baisse les yeux avec recueillement, surtout celui qui les ferme en croisant les bras sur sa poitrine, sont d'un type expressif et d'un beau caractère ; cependant, à les bien considérer, on y trouve je ne sais quoi de forcé qui frise la caricature. Il vous vient involontairement à l'esprit je ne sais quelles réminiscences des figures grimaçantes du *Christ au milieu des docteurs*, de M. Ribot, ce même M. Ribot qui jadis a donné de si grandes espérances, et qui, après avoir fait pendant quelques années de médiocres pastiches des maîtres espagnols, mérite aujourd'hui qu'on le renvoie à ses natures mortes, à ses cheminées noires de suie et à ses marmitons barbouillés de fumée.

M. Matejko, qui s'est spécialement consacré à retracer les grands épisodes de l'histoire de Pologne, est un talent d'une espèce singulière, qui ne rentre dans aucune des catégories de l'école française. Par certaines hardiesses romantiques, il fait songer vaguement à Delacroix ; par une certaine sincérité mâle, il se rapproche de Robert-Fleury ; par un certain réalisme brutal, il rappelle quelquefois Hogarth ; par une certaine barbarie systématique, il confine à M. Gustave Doré et aux tableaux humoristiques de M. Vibert, le tout rassemblé dans d'énormes toiles de 15 ou 20 pieds de long, encombrées de personnages diversement costumés, pleines de détails bizarres, bariolées de couleurs éclatantes qui s'entassent les unes sur les autres, sans que l'air et la lumière puissent jouer dans les intervalles. L'œil est d'abord blessé de ce tumulte, puis on y découvre une composition originale, une grande fermeté de dessin, des attitudes énergiques et franches, des types d'une brutalité saisissante. Dans le tableau d'*Etienne Bathori recevant les envoyés d'Ivan le Terrible*, la figure du roi assis sous sa tente, les deux mains plantées sur ses cuisses, est d'une rudesse un peu vulgaire, mais pleine de fierté. Les types des hommes d'église et des ambassadeurs agenouillés ou prosternés devant lui dans la neige sont tous empreints de cette même trivialité puissante qui se marie, chez M. Matejko, à de véritables débauches pittoresques. Même à ne le considérer que comme une curiosité archéologique et ethnologique, ce tableau serait encore d'un vif intérêt et d'une sérieuse valeur.

Section III

Cette fois nous en avons fini avec la grande peinture, et, sauf quelques exceptions que nous saluerons au passage, nous n'aurons plus affaire qu'à des œuvres d'un caractère plus modeste. Jusqu'ici nous n'avons vu que l'aristocratie de l'art, aristocratie parfois encroûtée, souvent corrompue, toujours un peu déchue, qui tantôt s'engourdit dans des traditions surannées, tantôt secoue ses préjugés et s'encanaille avec le siècle. Nous allons maintenant faire connaissance avec ce qu'on pourrait appeler la bourgeoisie de l'art, car il y a aussi, n'en déplaise aux artistes pour qui ce mot de bourgeoisie est synonyme de platitude, un idéal bourgeois qui exerce sur eux une grande influence et auquel ils se conforment souvent sans s'en douter.

Et d'abord, pour que personne ne s'offense d'être rangé dans cette catégorie, disons tout de suite à ces artistes bourgeois quels sont leurs ancêtres : il y en a de célèbres, il y en a même d'illustres. Horace Vernet, malgré son génie, était un peintre bourgeois ; Paul Delaroche eût été peut-être un grand peintre, s'il n'avait eu des côtés bourgeois ; Winterhalter, le faiseur de portraits à la mode, était l'élégance bourgeoise personnifiée ; nous pourrions en citer bien d'autres. C'est à leur suite qu'il faut ranger tous ces faiseurs de tableaux officiels, tous ces peintres de cérémonies et de batailles qui font métier de couvrir d'un uniforme décent les pompes insignifiantes de notre civilisation sans poésie. C'est à leur suite aussi qu'il faut mettre ces agréables mièvreries, ces confiseries pittoresques et sentimentales, ces fadaises égrillardes ou mélancoliques, ces beautés d'albums ou de *keepsake*, tout cet art de boutique et de boudoir ou même de cabinet de toilette qui aux yeux du public bourgeois est encore le dernier mot du style.

En ce genre-là, M. Landelle et M. Bouguereau sont deux grands maîtres ; M. Emile Lévy en est un autre, et M. Hébert serait le plus grand de tous, si son talent n'avait pas trop d'originalité et d'élévation pour réaliser tout à fait l'idéal bourgeois. M. Bouguereau, qui pendant dix ans nous a fatigués de ses Italiennes, s'adonne maintenant aux scènes mythologiques et aux sujets classiques ; il y porte l'intelligence rapide, la merveilleuse facilité dont la nature l'a doué et dont il abuse un peu. Son *Homère avec les bergers* est emprunté probablement à des vers d'André Chénier que nous n'osons pas citer ici, de peur de nuire à l'interprète. Le vieil aveugle, toujours majestueux, quoique effrayé, s'appuie d'une main sur un bâton et pose l'autre main sur le bras du jeune berger venu à son secours ; à ses pieds, un des chiens qui l'attaquaient tout à l'heure gronde encore en montrant les dents ; dans le fond, au bout de la prairie, les autres bergers font de grands gestes et appellent à grands cris leur meute irritée. Cette scène a du mouvement, mais elle est assez mollement dessinée et d'un aspect tout à fait banal. *La Charité*, du même auteur, est une femme très sèchement peinte qui tient sur ses genoux des enfants très roses. Enfin, pour n'en pas perdre l'habitude, M. Bouguereau expose des *Italiennes à la fontaine*, toujours fort jolies et sœurs jumelles de leurs innombrables devancières.

M. Landelle, qui nous fatiguait depuis vingt ans de ses femmes égyptiennes, tombe de plus en plus dans la fadeur avec sa jeune fille française intitulée *Rêverie de seize ans*. M. de Coninck, plus prudent, reste fidèle à ses chères Italiennes. M. Bertrand, peintre ordinaire des suicidés romantiques, couche le cadavre de Roméo sur le cadavre de Juliette. M. Perrault épouvante les mères de famille avec son *Jeune Baigneur* surpris par la marée, et il fait rêver les jeunes filles avec son *Amour rebelle*. Il y a beaucoup de talent et une véritable suavité dans *l'Amour et la Folie* de M. Emile Lévy, mais il y a aussi trop de mignardise. Ensuite viennent d'innombrables nudités, toutes plus ou moins relevées par une certaine pointe d'impudicité discrète, car c'est par là qu'on évite la fadeur et qu'on plaît au public bourgeois. C'est M. Toudouze qui met la mythologie en rébus, c'est M. Machard qui essaie de la rajeunir par une mise en scène prétentieuse et puérile ; c'est la *Gauloise Retirant les bras à son réveil*, de M. Luminais, peinture d'un haut ragoût bestial et d'une sensualité palpitante. Les peintres qui ne savent pas les faire tenir debout les couchent sur des fourrures ou sur de riches étoffes, ce qui d'ailleurs facilite le modelé et sert à faire valoir le coloris de la chair. Quelques-uns, plus hardis, cherchent les tours de force et se plaisent à la difficulté vaincue. M. Carolus Duran, par exemple, va jusqu'à la témérité : c'est en plein air, sans ombres, en pleine lumière, qu'il s'est donné pour tâche de peindre sa *Jeune Fille dans la rosée*.

Ce n'est point là du reste une innovation sans précédents. Sans parler d'Henri Regnault, le trop fameux M. Manet avait montré la voie à M. Carolus Duran ; mais, sans compter que M. Manet simplifie ordinairement sa tâche en s'affranchissant de toutes les lois du dessin, il ne peint plus guère, et pour cause, que des figures habillées. M. Duran, qui est un homme sérieux et qui respecte la forme, avait de bien autres difficultés à vaincre ; il les a même exagérées à plaisir en plaçant sa *Jeune Fille* au milieu d'un jardin, dans un déluge de tons frais et printaniers qui ne lui offraient plus aucune base solide pour y asseoir une figure fermement peinte et pour la modeler sans ombres franches, avec les seules demi-teintes d'un jour vaporeux et diffus. Cette excessive fraîcheur du fond l'a contraint à faire, dans les nus, une véritable débauche de couleurs claires, d'une tonalité rose et blanche ; encore n'a-t-il pu éviter un certain aspect criard. Les demi-teintes, quoique sans vigueur, paraissent grises et sont écrasées par les clairs ; les clairs eux-mêmes paraissent rougeâtres et presque lourds. Ce défaut est surtout sensible dans les parties qui offrent peu de surface et qui se découpent sur le fond ; les bras par exemple ont ce même aspect cartonneux que nous reprochions naguère à certain portrait équestre du même auteur. D'ailleurs le geste est joli, le type élégant et fin, certaines parties sont d'un modelé souple et extraordinairement habile. Si ce tableau, comme on ne peut guère le nier, doit être considéré comme une erreur du goût, c'est tout au moins une de ces erreurs qu'il n'est pas donné à tout le monde de commettre.

Maintenant comment se fait-il que *la Femme au perroquet*, de M. Courbet, nous revienne involontairement en mémoire ? Est-ce un pur caprice du souvenir ? Cela tient-il à cette longue chevelure rouge que la jeune fille écarte de ses deux mains et qui rappelle les boucles luxuriantes de la femme de M. Courbet ? Il faut attribuer cette réminiscence à des raisons plus sérieuses ; elle tient surtout à la manière dont les artistes modernes comprennent la nudité féminine. Pour eux, et c'est là un des côtés par où ils sont plus bourgeois qu'ils ne le pensent, le corps nu est toujours plus ou moins le modèle déshabillé. Le seul idéal corporel auquel ils s'élèvent est celui d'un bel animal, d'un joli cheval de sang souple et bien harnaché. Qu'ils peignent la femme nue, qu'ils la peignent habillée, ils ne l'envisagent guère qu'au point ne vue pittoresque ; les uns se plaisent à étudier les finesses de la couleur, le grain de la peau, l'éclat du teint ; les autres s'arrêtent à la robe, au manteau, à la coiffure ; ils se perdent dans les rubans, dans les fourrures et dans les dentelles, fort peu se donnent la peine d'atteindre le type lui-même. Les portraits de femme les plus achevés ne sont plus que des études brillantes auxquelles le modèle a servi de motif. Le badaud qui les voit s'extasie en passant, mais l'art sérieux n'y trouve pas son compte.

M. Carolus Duran est passé maître en cette manière, pour ainsi dire animale, de traiter la figure humaine, même dans ses échantillons les plus parfaits. Son portrait de Mme de *** est la merveille du genre. Malgré un certain air de douairière, qui ne convenait pas à l'éternelle jeunesse du modèle, on y reconnaît bien la distinction de race, la beauté de choix, la femme dont c'est la préoccupation d'être belle, et qui se considère elle-même comme un objet d'art animé. Les traits sont composés et dédaigneux, l'air de tête un peu théâtral, comme il sied à un tableau vivant qui a conscience de sa dignité. La facture est admirable, surtout celle des mains, des épaules, et celle de ce corsage noir semé d'étoiles de diamants sous lequel se dessine une taille élégante et fière. C'est bien là ce mélange accompli de la grande actrice et de la grande dame, de la divinité et de la bête de prix, qui est devenu depuis quelques années l'idéal du beau monde. Les talents se trouvent toujours à point nommé pour exprimer les idées de leur temps, et M. Duran, qui débutait, il y a quelques années, d'après des modèles plus vulgaires, par d'autres portraits d'un style analogue, quoique moins raffiné, est bien le peintre qui convient à ce genre de perfection féminine. Du reste, l'excellent portrait de petite fille qu'il expose à côté est conçu dans le même sentiment : c'est la beauté fière et un peu sauvage d'un jeune animal plein de sève qui s'épanouit au milieu du luxe d'une civilisation raffinée.

M. Dubufe n'en cherche pas si long, il ne voit de la femme que la toilette. Il ne la traite même pas comme une belle bête : il en fait un mannequin enluminé sans caractère et sans vie. M. Pérignon du moins, ayant à représenter une actrice célèbre sous le costume de *la grande-duchesse de Gérolstein*, ne pouvait faire qu'un tableau de bal masqué. On ne saurait non plus s'extasier beaucoup devant le portrait assez noble, mais un peu mignard, de la duchesse de L…, par M. Cabanel. Grâce à un trop grand luxe d'accessoires et à une enluminure plus systématique que sincère, cette toile manque de plan, de jour et d'harmonie. C'est aussi le défaut capital du très beau portrait de la comtesse W. de L…, dont l'aspect est répulsif à première vue, et auquel il faut que l'œil s'accoutume avant de l'admirer. La jeune femme est à demi affaissée contre un coussin, dans une pose à la fois noble et nonchalante ; elle se présente de trois quarts, son épaule droite se relève en avant, ses mains traînent languissamment et se rejoignent à demi sur ses genoux. Le cou, les bras, les mains, les épaules, sont de ce dessin précis et délicat dont M. Cabanel possède le secret. La tête s'accorde à merveille avec l'attitude du corps ; le nez est courbé, la bouche entr'ouverte, l'œil sombre et voilé, les sourcils noirs et marqués se rejoignent presque au-dessus des yeux ; la physionomie tout entière est mystérieuse, énigmatique, un peu inquiétante et profondément individuelle. Voilà du moins un portrait qui représente la personne morale à travers la figure extérieure ; mais pourquoi ces indécisions blafardes sur le visage ? On dirait que le modèle a commencé par se peindre lui-même avant de se faire peindre. Cette fâcheuse impression est encore aggravée par le voisinage redoutable d'un coussin rouge, d'une robe bleu d'azur, d'une tunique violette, d'une chevelure rouge, le tout sur un fond bleu. Ce bariolage de couleurs vives tue complètement les chairs, qui déjà n'ont pas beaucoup d'éclat par elles-mêmes. Est-ce le succès de M. Duran qui a gâté le goût de M. Cabanel ? Lui jadis si sévère et si discret dans le choix des moyens, il tombe à son tour dans ce travers des colorations voyantes, qui subordonnent la figure à la toilette et la personne humaine à l'aspect pittoresque.

Il faut adresser le même reproche à un fort beau portrait de vieille femme de M. Hébert, peinture peut-être un peu molle, mais du plus noble aspect ; seulement les détails de la toilette sont figurés avec un si grand luxe de couleurs discordantes que le personnage perd toute espèce d'unité. Une figure qui au contraire se tient d'un seul bloc et qui sort de la toile avec une rare vigueur est ce portrait en pied de M. Henner, qui représente une femme en velours noir sur un fond vert de cobalt. Malheureusement cette figure si solidement peinte a le défaut commun des portraits de M. Henner, elle ne parle guère à l'esprit.

Les portraits d'hommes sont généralement meilleurs ; on y retrouve pourtant la même tendance à négliger le type individuel pour courir après l'effet pittoresque ou après cette espèce d'idéal bourgeois qu'on appelle l'air *distingué*. C'est tour à tour le défaut de Mme Henriette Browne, aussi banale que jamais, — de Mlle Jacquemart, une artiste qui était presque virile en peignant des portraits de femmes et de vieillards, et qui devient plus que féminine en faisant des portraits de jolis garçons bien habillés, — de M. Cot, un homme de talent, mais qui a le talent d'une femme, et qui nous présente, avec une jolie blonde en robe noire, un beau militaire bien propre et bien ciré, — de M. Sellier, qui racle sa toile, coupe et repeint ses empâtements comme un paysagiste, et se complaît dans un clair-obscur tantôt verdâtre, tantôt jaunâtre, d'un aspect fantastique et douteux, admissible peut-être au second plan sur une figure accessoire, dans un tableau d'ensemble, mais tout à fait hors de propos dans un portrait où tout doit concourir à jeter de la précision et de la clarté, — de M. Bonnegrâce, dont le pinceau un peu lourd, mais juste et sincère, s'embarrasse parfois à la recherche de l'effet, — enfin de M. Delaunay lui-même, qui s'amuse souvent, comme cette année, à déployer sa grande habileté pittoresque et son admirable puissance de modelé dans des toiles monochromes qui sont plutôt des *pochades* que des portraits.

M. Lefebvre, quant à lui, est un portraitiste sérieux, qui ne s'arrête pas aux apparences et qui creuse son sujet jusqu'au fond ; Presque tous ses portraits ont un type saisissant ; seulement on ne saurait lui demander l'impossible, à savoir de tirer de rien quelque chose. On ne crée pas un portrait de toutes pièces ; quelquefois le modèle est tellement incolore qu'il se refuse à toute interprétation morale, à toute idéalisation intelligente. Il y a surtout pour les jeunes hommes un certain âge ingrat où rien n'est formé dans leur physionomie, et où leur insignifiance naturelle en devient le principal caractère. Plaignons les peintres obligés de travailler sur de tels modèles ! Ils en sont réduits alors, comme M. Lefebvre dans son portrait du prince impérial, à chercher l'idéal de la nullité adolescente en la couvrant du vernis d'une distinction banale. Cet enfant pâle et presque inanimé, qui se tient debout, en costume de parade, dans une posture raide et gênée, fait peine avoir quand on songea toutes les qualités de sincérité élégante, de dessin exact, fin et serré, que M. Lefebvre a dépensées dans cette toile pour produire un si pauvre effet.

Quelle différence entre cette jeunesse étiolée et le superbe portrait de magistrat exposé par M. Liévin de Winne ! C'est un vieillard à cheveux blancs simplement posé dans sa robe rouge, qui se détache sur une muraille grise, les mains croisées, le visage calme, le regard direct, la bouche serrée sans effort avec une expression de fermeté naturelle. L'ensemble est sobre, grave, d'un style sans emphase et plein de dignité, d'un pittoresque modéré, d'un effet imposant. Comparez à cette toile celle de M. Sellier, dont nous parlions tout à l'heure, et qui représente également un magistrat en robe rouge, ou cet autre magistrat de M. Lafond, figure pleine de mouvement, et même trop agitée pour un simple portrait ; vous verrez entre quels excès M. Liévin de Winne sait garder la mesure, et avec quel goût accompli il sait composer un portrait.

Il ne faut pas qu'un portrait soit une pétrification sans mouvement et sans vie ; il ne faut pas non plus qu'il représente une action en train de s'accomplir. La rigidité académique et l'animation romantique sont également hors de saison dans cet art simple et sévère. Comme les statues, il faut que les portraits posent, qu'ils montrent le modèle à l'état d'équilibre, ou qu'ils indiquent tout au moins un repos, un temps d'arrêt dans l'action. C'est ce que M. Healy, un élève de Gros, comme M. Bonnegrâce, avec lequel il a de secrètes analogies, comprend et observe à merveille. Les trois portraits du pape, de M. Washburne et de M. Thiers se distinguent au premier abord par quelque chose de franc, de solide et de sensé. Le meilleur des trois est celui de M. Washburne, assis de trois quarts, penché en avant, les mains posées sur ses genoux, dans une attitude pleine de naturel, qui rappelle, dans un genre plus familier, le geste de l'inimitable portrait de Bertin, par M. Ingres. Celui du Saint-Père, peut-être un peu trop coloré, a la main levée pour bénir ; il est d'une ferme et solide assise, d'une expression saine et presque souriante. Celui de M. Thiers rend assez bien la physionomie fine, la malicieuse bonhomie du modèle ; il est vivant, mais d'une vie trop physique ; le coloris de même en est trop vif et trop frais ; il rappelle trop les riches colorations de la vieille école anglaise, dont le sang perce, pour ainsi dire, à travers cette peinture un peu lourde. Le talent de M. Healy est de cette nature droite et saine qui répugne aux nuances trop délicates ; il va au but sans détour et rudoie un peu la vérité en s'emparant d'elle.

Est-ce un portrait à deux personnages ou un tableau de style que le *Chemin de fer* de M. Manet, toile qui nous représente une mère assise à côté de sa fille, regardant à travers un grillage un chemin de fer au fond d'une tranchée ? Les informations nous manquent pour résoudre ce problème ; nous hésitons d'autant plus qu'en ce qui concerne la jeune fille ce serait tout au moins un portrait, vu de dos. M. Manet a fait tant d'innovations que rien de sa part ne saurait nous étonner. Ce qui est évident, c'est qu'en dépit de ses prétentions révolutionnaires M. Manet est un peintre essentiellement bourgeois, on peut même dire le plus profondément bourgeois de tous les peintres contemporains qui aient réussi à faire un peu de bruit autour de leur personne. Sans doute, il appartient à une école qui, faute de connaître et de pouvoir sentir le beau, s'est fait un idéal nouveau, de la trivialité et de la platitude ; mais sa peinture est celle des devantures de boutique, et son art s'élève tout au plus à la hauteur des faiseurs d'enseignes de cabaret.

Section IV

Après le tableau d'inspiration bourgeoise qui garde encore des prétentions au style, il faut placer le tableau familier emprunté à la vie contemporaine. C'est dans cet ordre d'idées que l'imagination de nos artistes s'épanouit le plus à l'aise, parce que c'est là qu'elle trouve son aliment le plus facile et le plus abondant. Tandis que la grande peinture est une plante de serre chaude, d'un entretien difficile et coûteux, le petit tableau de genre est pour ainsi dire la végétation naturelle au climat de la société contemporaine. Aussi aucune branche de l'art n'est-elle plus touffue et plus florissante.

Dans ces innombrables petites toiles qui encombrent aujourd'hui nos musées, nous ne voyons pas seulement se dérouler toutes les petitesses et toutes les laideurs de la civilisation moderne. La mesquinerie de nos mœurs et de nos idées déborde jusqu'sur le passé, où nos artistes vont chercher des sujets qu'ils accommodent à notre goût pour les mettre à notre niveau. Le petit tableau d'appartement a étendu de tous côtés son domaine ; il s'est annexé une foule de genres qui appartenaient jadis à la grande peinture. Le tableau d'histoire, le tableau de batailles, sont tombés dans le style familier. La poésie même s'en est retirée ; elle a été remplacée par l'esprit comique et par un excès d'exactitude matérielle faussement décorée du nom de réalisme.

Les trois charmants tableaux exposés par M. Gérôme sont un

exemple frappant de cette manière étriquée de concevoir la peinture d'histoire. Déjà, dans sa *Phryné devant l'Aréopage*, cet homme de trop d'esprit glissait involontairement dans la caricature. Il en a gardé une nuance drolatique qu'il ne perdra jamais. Il y a de fort belles parties dans son tableau de *l'Éminence grise*, qui est, disons-le tout d'abord, disposé avec un art exquis ; mais l'intention en est subtile à force d'être ingénieuse, et la composition en est chargée à force d'être parlante. La scène se passe sur le grand escalier du Palais-Cardinal ; le père Joseph, droit, maigre, sec, ascétique, impassible, occupe toute une moitié de l'escalier restée vide autour de lui ; il descend en lisant son bréviaire, sans même daigner lever les yeux de l'autre côté ; un groupe de courtisans remontent les degrés ; ils défilent à distance respectueuse, se pressant contre la balustrade et s'inclinant jusqu'à terre du plus loin qu'ils aperçoivent « l'éminence. » Ce contraste est des plus heureux, mais il est trop chargé ; de plus ce groupe forme un entassement confus où les plans se distinguent mal et où l'air manque entre les figures. Évêques en camail violet, cardinaux en robe rouge, grands seigneurs en pourpoint de soie et en manteau de cour, s'entassent les uns sur les autres et ne forment qu'un seul bloc. Un jeune hallebardier se tient dans un coin ; plus haut, sur les marches de l'escalier, trois figures d'un dessin très beau et très sévère, un évêque coiffé de sa calotte et deux jeunes seigneurs, chapeau en tête, se retournent pour considérer cette exhibition de la platitude humaine. La signification morale de l'œuvre se trouve ainsi soulignée avec cette clarté toute française qui est le propre du talent de M. Gérôme, et dont quelquefois chez lui l'excès tourne presque en défaut.

Le *Rex Tibicem*, du même auteur, n'a pas seulement le malheur de porter un titre d'une latinité prétentieuse qui déroute bien des gens ; il a le tort infiniment plus grave de justifier ce titre prétentieux. Jamais le danger d'avoir trop d'esprit en peinture n'a été mieux démontré. Le grand Frédéric rentre de la chasse, et, sans se donner le temps d'ôter ses bottes, il exécute sur la flûte un des morceaux brillants de son répertoire. Rien qu'à le voir s'agiter devant son pupitre, on sent la furie musicale qui l'anime et on entend presque les vocalises qui sortent de son instrument. Tout est ingénieux dans ce tableau, depuis le désordre des papiers jetés sur la table jusqu'aux bottes crottées du souverain, depuis le chapeau jeté à terre jusqu'au lévrier couché dans le fauteuil sur l'épée du maître, jusqu'au buste de Voltaire qui regarde son élève avec un ironique sourire ; mais quelle mesquine façon de travestir l'histoire ! Ce n'est même plus l'histoire en robe de chambre, comme nous l'ont montrée les érudits de notre temps ; c'est l'histoire en costume de bal masqué et, qui pis est, fort maigrement peinte. — La *Collaboration* est d'une touche moins sèche et moins cassante ; elle a même une coloration de bon goût qui ressemble presque à de la couleur. Aux deux bouts d'une longue table de chêne et dans des attitudes qui rendent à merveille leur caractère, sont assis deux poètes, un vieux et un jeune, Corneille et Quinault, travaillant ensemble au ballet de *Psyché*, le premier, une calotte noire sur la tête, en habit gris galonné de coupe démodée et d'antique apparence, le second en perruque blonde et en habit de cour. Le vieux poète, penché sur la table, lit avec chaleur à son jeune confrère un manuscrit que l'autre écoute, renversé en arrière, appuyé sur son coude et les jambes nonchalamment croisées. Cette toile est la meilleure ; le lecteur remarquera que c'est aussi la plus modeste et celle qui a le moins de prétentions à la profondeur.

Dans un genre encore plus familier, *la Chanson de Roland*, de M. Coëssin de La Fosse, est une toile aimable, d'un sentiment juste et d'une exécution honnête. Dans la grande salle du château, devant la grande cheminée, la famille se groupe autour du dais où trônent le châtelain et la châtelaine : le chanteur, debout devant eux, déclame son poème en s'accompagnant d'une vielle. Le fou, les servantes, les pages, les hommes d'armes, tous sont là, buvant ses paroles, jusqu'au lévrier tranquillement couché, sur la tête duquel se promène la main nonchalante du maître. Cette scène d'intérieur est pleine de charme ; mais elle n'a de gothique que les costumes, et, si l'on en retirait les costumes, personne ne la regarderait plus.

La peinture de batailles, elle aussi, a changé de caractère en changeant de dimensions, et l'on ne saurait dire qu'elle ait perdu au change, car elle était tombée, sous le dernier régime, dans une décadence profonde. Maintenant nos artistes ont vu la guerre de près, la guerre véritable, non pas la guerre stratégique telle que la combine un général ou telle que la raconte un historien, mais la guerre populaire, telle que la voit un simple soldat, telle que la décrit M. Erckmann-Chatrian dans *le Conscrit de 1813*. A la place de ces victoires d'apparat, que le second empire faisait fabriquer sur commande, ils nous donnent des scènes prises sur le vif, la *Charge de cuirassiers* de M. Détaille, le *Combat sur une voie ferrée* de M. de Neuville. M. Détaille, qui est un dessinateur exact et un artiste consciencieux, épris de la vérité photographique, s'est heurté cette année aux difficultés d'un sujet mal choisi. Il a voulu représenter une colonne de cavalerie venant se choquer, dans un village, contre une barricade improvisée. Les premiers plans, d'ailleurs fort habilement rendus, ne se composent que de charrettes renversées et de débris entassés en travers de la rue. C'est par-dessus ce premier plan, beaucoup trop maigre, qu'on aperçoit les cuirassiers venant se jeter dans une sorte d'entonnoir où l'ennemi les fusille à bout portant du haut des maisons alsaciennes, à grands toits et à fenêtres étroites. Ils tombent un à un, leurs chevaux se cabrent ou s'abattent ; on sent qu'ils vont se briser contre ce faible obstacle. Tout est vrai dans cette toile ; malheureusement la perspective y fait complètement défaut, les figures s'étouffent et manquent d'air, bien qu'éparpillées trop au hasard. M. Détaille nous paraît vaincu cette fois encore par M. de Neuville. Celui-ci n'a peut-être pas la facture serrée et timidement soigneuse de M. Détaille ; il n'est pas, comme lui, élève de Meissonier et miniaturiste de profession ; mais il a la franchise, l'audace, le mouvement, la variété des physionomies, la vérité du geste, la vérité de la couleur, le tout sans effort visible et comme au bout du pinceau. Il a en un mot le génie de l'action, cette qualité toute française qu'on ne saurait exiger d'un Hollandais comme M. Détaille.

Nous sommes en hiver, à l'armée de la Loire ; le ciel est gris, les arbres sont dépouillés, quelques restes de frimas traînent encore sur la terre gelée. Par-dessus le remblai d'une voie ferrée qui traverse la scène, on aperçoit des nuages de fumée et un clairon de chasseurs qui sonne la charge. Sur le talus gisent quelques cadavres français ou prussiens, dans cette attitude indéfinissable de l'homme surpris par la mort. Quelques mobiles rampent curieusement jusqu'au bord pour y faire le coup de feu. Dans un coin paraît une tête de colonne qui escalade le remblai, un peu en désordre, en glissant et en se culbutant. Le premier homme qui se risque au dehors tombe à la renverse, mortellement atteint. Un officier, debout sur la crête, le jarret tendu, penché en avant, arrête la colonne d'un signe ; derrière lui, ses lieutenants exécutent son ordre ; devant lui, un autre officier ensanglanté se relève à demi, à son approche. La scène est un peu décousue, mais émouvante et claire au-delà de toute expression. Ce qu'il y a de plus étonnant, c'est la vérité des types, la précision scrupuleuse des moindres détails, la justesse des moindres nuances, sans que cet effort d'exactitude embarrasse en rien l'agilité de la main ou ralentisse en rien l'élan de la pensée. La vie, c'est la qualité maîtresse de M. de Neuville. Voyez plutôt sa *Récolte du varech* : quel beau mouvement plein de hardiesse chez la femme cambrée, au mouchoir rouge, qui va mettre sa récolte sur le dos du cheval ! Quoi de plus franc et de plus animé que cette autre figure de femme qui se baisse pour ramasser le varech ? Quoi de plus fier et, qu'on nous passe le mot, de plus *crâne* que la silhouette de l'enfant qui se tient debout, les deux mains dans ses poches, à la tête du cheval ? Le vent souffle, la mer déferle, comme tout à l'heure la mitraille sifflait et crachait. Non vraiment, en prenant congé d'un peintre tel que M. de Neuville, nous n'avons pas le courage de parler de *l'Alerte* de M. Protais, alerte si calme et si froide qu'on se croirait à peine sur le champ de manœuvres, — ni de cette plate élégie où il nous représente deux mélancoliques muscadins militaires considérant au loin, du haut d'une montagne, une ville ensoleillée qu'il appelle *Metz*. Ce patriotisme affadi ne mérite aucune pitié. Ce n'est même plus de la peinture bourgeoise ; c'est de la peinture à l'usage des pensionnats de petites filles. Après cela, nous tombons dans les infiniment petits, dans les mille détails minutieux de la vie moderne. Ce ne sont plus que petits tableaux d'intérieur, petites études de mœurs familières, petits sujets empruntés à la vie élégante ou à la vie domestique, petites peintures vernissées, pomponnées, vulgaires ou maniérées, précieuses ou drolatiques, tantôt en costume, tantôt en habit bourgeois, promenant le spectateur du salon à l'atelier, du cabinet de toilette à la cuisine, de la salle à manger aux allées du parc, du boudoir à l'écurie, de l'école primaire au casino des bains, de l'église à la course de chevaux. En ce genre, les hommes de talent pullulent. Voici M. Caraud avec ses soubrettes et ses marquises enrubannées ; voici M. Dubois avec sa *Conversation dans l'atelier*, où deux jolies dames pimpantes et mièvres s'exercent à poser devant le public ; voici M. Toulmouche et son *Livre sérieux*, sur lequel deux jeunes filles se sont endormies ; voici M. Vibert avec sa spirituelle *Réprimande*, administrée par un gros chanoine à une jolie pécheresse fort confuse ; voici M. de Nittis et ses charmantes frileuses courant au bord du lac et piétinant pour se réchauffer en se cachant sous leurs fourrures. Puis c'est M. Claude avec ses délicieuses miniatures équestres ; c'est M. Goubie avec son *Manège au dix-huitième siècle* ; c'est M. Kœmmerer avec ses *Baigneurs sur la plage de Scheveningen*, débauche de couleurs claires et gaies, toile criarde, éclatante, blessante pour l'œil à force de blancheur, et qui semble peinte en parodie du sombre chef-d'œuvre de Ruysdaël ; c'est M. Feyen-Perrin avec ses éternelles *Cancalaises*, vraiment trop délicates et trop peu hâlées pour de simples pêcheuses d'huîtres ; c'est M. Castres avec son cuisinier et ses marmitons assis face à face au coin de l'âtre, en compagnie du chat de la maison, *après le coup de feu* de la table d'hôte ; enfin c'est M. Cabaillot-Lassalle, qui, dans son *Salon de 1874*, les dépasse tous en audace bourgeoise, et qui, sans se mettre en frais d'imagination, d'esprit ni de style, obtient à ce seul titre un succès pleinement mérité.

Malgré la petitesse du sujet, *le Prétendu*, de M. Berne-Bellecour, mérite une place à part dans cette énumération rapide. C'est une charmante petite variation sur le thème connu d'Hercule aux pieds d'Omphale, exécutée dans ce genre doux et gracieux où une nuance légère d'attendrissement se mêle à un comique tempéré. Dans un jardin, un officier en uniforme de l'ancien temps, assis au bout d'un banc de pierre, tient un écheveau de soie que sa fiancée dévide, assise elle-même à l'autre bout. L'air doux, embarrassé, attendri et un peu béat du soldat amoureux est rendu avec une grande finesse. La jeune fille aussi est fort intéressante avec son air pensif, alangui, à moitié charmé, à moitié résigné, mêlé de gravité tranquille et de coquetterie mutine. Les parents, debout derrière elle, sont un peu trop des parents de comédie. La facture de cette toile est fine et serrée, mais un peu sèche, comme d'habitude. Le portrait de Mme V… est au contraire d'une facture presque grasse et surabondamment colorée pour ces petites dimensions. Le *Matin d'été* en revanche est d'une touche maigre et cassante, d'un coloris dur et d'un effet noirâtre. M. Berne-Bellecour, qui fait des progrès visibles, a encore beaucoup à faire pour arriver à peindre comme M. Meissonier ou comme M. Bonvin.

L'*École des frères*, de M. Bonvin, est un petit chef-d'œuvre comparable à tout ce que les Hollandais nous ont légué de plus ferme et de plus fin. De cette salle d'école aux murs jaunes, de ces rangées de pupitres où s'alignent des figures enfantines et populaires, de cet abécédaire péniblement épelé avec une baguette, de la figure médiocre et un peu vulgaire du maître, de tout cet ensemble modeste, de cette ordonnance ingrate et rebelle au pittoresque, l'excellent artiste a su tirer une composition claire, variée, animée, attachante, un tableau net, plaisant, lumineux, coloré, plein d'air et de perspective, et, qui plus est, un tableau sérieux sans l'ombre de caricature. Les modernes peintres de genre ont trop souvent l'habitude de donner le change au spectateur et de détourner son attention par quelques physionomies grotesques ou par quelques touches fantaisistes habilement jetées sur des toiles imparfaites dont ils espèrent ainsi dissimuler les défauts. Ainsi procède par exemple le très spirituel M. Simon Durand dans son *Différend conjugal devant une justice de paix*, M. Bonvin, quant à lui, n'a pas besoin de ces artifices, et il a trop le respect de son art pour condescendre à les employer.

Nous aurions encore beaucoup d'hommes de talent, beaucoup d'autres toiles à citer ; mais on se fatigue à voir cet interminable défilé d'objets connus et d'idées vulgaires. Le public bourgeois, qui s'y complaît, finit lui-même par s'en lasser ; il demande du nouveau, et l'on ne sait plus comment lui en fournir. Il faudrait inventer quelque chose, et la source de l'invention est tarie. Alors, faute de nouveauté véritable, nos artistes en cherchent du moins l'apparence : ils vont prendre au loin, soit en province, soit dans les pays étrangers, chez les nations encore à demi barbares, soit dans le passé, chez les peuples les plus antiques et dans les civilisations disparues, des costumes pittoresques, des types singuliers, des traits de mœurs étranges, toute sorte d'assaisonnements de haut goût qu'ils adaptent, s'il est possible, à des scènes familières, pour réveiller la curiosité endormie et exciter l'imagination blasée du public. C'est ainsi qu'on a vu se produire tour à tour le tableau breton, le tableau alsacien, le tableau italien, espagnol, monténégrin ou palikare, le tableau africain, égyptien ou arabe, et enfin, dans ces derniers temps, le tableau japonais ou chinois, La mode passe vite dans ce genre exotique, et la curiosité s'épuise à mesure qu'elle est satisfaite. Il y a longtemps que les costumes italiens, qui disparaissant en Italie, n'étonnent plus personne en France. L'Orient levantin, qui pendant longues années a ravi nos pères, est délaissé pour l'extrême Orient, et voilà que l'extrême Orient lui-même, dont les œuvres d'art nous inondent, commence à nous être trop bien connu. Toutes ces modes artificielles et fragiles, toutes ces tentatives de renouvellement éphémère montrent combien l'art fait fausse route en donnant dans la curiosité pittoresque.

Quelques peintres cependant persévèrent avec succès dans ce genre épuisé, M. Brion continue à peindre d'un pinceau franc, mais un peu dur, ses jolies scènes de village en Alsace, M. Worms reste fidèle à ses charmantes scènes de village espagnoles, et nous en donne cette année, dans ses *Maquignons de la province de Grenade*, un nouvel exemplaire supérieur aux précédons, M. Pasini continue à nous éblouir par la merveilleuse coloration de ses *Marchés à Constantinople* ou de ses *Portes de mosquée* peuplées de mendiants et de derviches. M. Leloir, qui passe agréablement du moyen âge aux harems des rois africains, nous représente une esclave blanche accroupie qui chante aux pieds de son maître, horrible nègre empanaché qui éclate de rire avec une gaîté féroce ; en reprenant pour le traiter à la parisienne le sujet d'une des plus belles aquarelles d'Henri Regnault, il l'a dépouillé de la gravité triste qui en faisait toute la poésie. M. Germak, dont le talent procède à la fois de Robert-Fieury le père et de M. Fromentin, persiste avec succès à faire passer sous nos yeux les admirables types des populations du Monténégro et de l'Herzégovine. Ce sont deux bien jolis tableaux que son *Rendez-vous dans la Montagne* et ses *Chevaux à l'abreuvoir* ; seulement la même figure de femme a servi pour tous les deux. Dans le premier, elle se tient debout au bord d'un précipice, à mi-côte d'un escarpement presque inaccessible. Droite, fière, pâle, brune, vraiment très belle, avec son regard fixe et presque farouche, elle vient d'arriver au rendez-vous et relève son voile noir ; on devine là tout un drame de passion presque aussi sauvage que cette âpre nature. Dans l'autre tableau, la jeune fille s'adosse d'un geste nonchalant et gracieux à un beau cheval blanc contre lequel elle appuie la tête en jouant avec sa longue crinière. Ce tableau fait songer à Briséis menant boire les chevaux d'Achille. M. Germak est peut-être le seul peintre contemporain qui sache encore mettre du style dans les sujets pittoresques.

Que dire à présent de la peinture archaïque, archéologique, pseudo-savante et ultra-prétentieuse de M. Alma-Tadéma ? Sans doute il faut de la couleur locale dans les sujets anciens, et il ne convient pas de placer, comme M. Rosalès, le meurtre de Virginie dans une chambre meublée presque à la moderne ; mais il ne faut pas que les sujets eux-mêmes soient subordonnés à la couleur locale ou à l'invention archéologique. C'est ce qui arrive ordinairement à M. Alma-Tadéma, Sa *Dixième Plaie d'Égypte*, toile longue et écrasée, remplie de personnages accroupis et presque rampants dans une espèce de crypte, est absolument inintelligible. Nous aurions besoin de M. Champollion-Figeac pour nous expliquer cette peinture hiéroglyphique ; il nous dirait si vraiment elle peut avoir un sens raisonnable, ou si elle n'est, comme nous le soupçonnons, qu'une mystification audacieuse.

Plus nous avançons, plus nous voyons l'art se corrompre. Tout à l'heure c'était la boutique du costumier qui en faisait le fond ; à présent ce sont des énigmes, des monstruosités, des duperies. La peinture de genre devient un magasin de bric-à-brac ou une succursale du musée Barnum. Comment réagir contre ce charlatanisme grossier et contre ces raffinements de mauvais goût ? Il y a une école qui répond : par le réalisme, par le choix des sujets populaires, par l'étude attentive et la reproduction fidèle des réalités même les plus triviales et, faudrait-il dire, surtout les plus triviales. Ici nous touchons à ce que l'on peut appeler la démocratie de l'art. Cette démocratie proteste contre les platitudes bourgeoises et contre les fantaisies corrompues du luxe bourgeois ; mais elle ne sait la plupart du temps qu'imiter ces platitudes, et elle est souvent tout aussi malsaine que l'art qu'elle entend réformer. Sa prétention est d'idéaliser la trivialité par l'excès de la trivialité même et d'échapper à la banalité par l'affectation même du lieu-commun. D'ailleurs ceux des peintres de l'école démocratique qui en font sonner le plus haut la doctrine ne sont pas en général les plus convaincus. Ce ne sont pour la plupart que des vaniteux aigris et des sceptiques blasés à qui la prétention et l'esprit de système tiennent lieu de talent et de travail.

Et cependant tout n'est pas stérile dans la réforme qu'ils ont tentée, Malgré l'insolente nullité de la plupart d'entre eux, c'est peut-être encore de leur côté qu'il y a le plus de conquêtes et de progrès à faire. Il y a bien des degrés dans le réalisme, et, sans parler de la distance qui sépare M. Manet, ce barbouilleur, de M. Courbet, ce vigoureux peintre, auquel il ne manque que le sentiment du beau, une école qui peut compter dans ses rangs M. Millet et M, Jules Breton, ces deux poètes rustiques incomparables, M. Pille, ce préraphaélique d'une espèce étrange, mélange singulier de Giotto et de Daumier, et même, avec d'autres procédés de peinture, mais avec une inspiration également populaire, l'énergique M. Munkacsy, cette école assurément ne mérite ni la pitié, ni le dédain. Quoi de plus expressif par exemple que le *Mont-de-Piété* de M. Munkacsy ? C'est la vie populaire prise sur le fait. Cet ouvrier en manches de chemise, ce petit bourgeois râpé, cette ménagère pâle et maigre avec son panier sous le bras, conduisant un gamin déguenillé, cette vieille dame assise sur un banc avec les restes d'une opulence fanée, cette pauvre mère qui se tient devant le guichet avec son petit enfant dans ses bras, cette fille publique aux cheveux rouges, assise à côté, cet employé lui-même, avec sa plume sur l'oreille et sa mine indifférente, vous les avez vus bien souvent ; ils vous intéressent comme de vieilles connaissances. Dans *les Rôdeurs de nuit*, toile plus animée, plus dramatique, où le tableau est moins subordonné à l'étude de mœurs, un groupe de malfaiteurs sort d'une ruelle noire, poussé par deux soldats, suivi d'une troupe d'enfants curieux. Les marchandes en plein vent lèvent la tête, les femmes se mettent sur le pas de leur porte pour les voir passer. Que de fois vous avez vu cela, sans même y faire attention ! M. Munkacsy vous force à vous y arrêter et vous en fait, dans sa manière vigoureuse et sombre, une véritable tragédie populaire. Seulement l'école réaliste se trompe, si elle croit avoir rien inventé ; ces orgueilleux révolutionnaires ont, qu'ils le veuillent ou non, des ancêtres. Les maîtres hollandais et espagnols les ont précédés, sinon dépassés dans ce genre, et M. Munkacsy procède à la fois des uns et des autres, comme M. Manet, qui n'est lui-même, hélas ! qu'un détestable imitateur de Velasquez.

Rien de dramatique dans l'œuvre de M. Pille, *un Pardon aux environs de Guéménée*. Nulle composition : les pèlerins sont assis un à un sur l'herbe verte et dispersés comme au hasard à travers toute la toile, où ils forment des taches sombres ; peu de couleur malgré un bariolage sans harmonie qui, répété uniformément sur chaque figure, donne une étrange monotonie à la tonalité générale du tableau. Les premiers plans sont trop faibles pour le fond ; l'air manque entre les personnages, qui s'entassent les uns sur les autres par gradins irréguliers. En revanche, il y a d'excellents morceaux et des types pleins de vérité, avec un sentiment grave et triste qui convient à merveille à ce paysage sans air et sans soleil. La province de l'art réaliste où M. Pille a élu sa demeure est une contrée bien austère et bien sombre. Le ciel y pèse comme une chape de plomb, la lumière n'y pénètre pas, la beauté ne saurait s'y épanouir, la pensée y est tristement courbée vers la terre ; les objets inanimés eux-mêmes participent à cette résignation machinale et à cette désolation sans poésie, et l'humanité s'y promène avec ennui, sans paraître goûter le plaisir de vivre, comme si elle accomplissait je ne sais quel pèlerinage inutile en attendant l'heure de la mort.

Tout le monde ne peut pas, comme M. Jules Breton, élever les réalités les plus simples à l'intérêt et aux proportions du grand style. S'il y a un maître dans l'école réaliste, c'est assurément celui-là. Ce n'est point un matérialiste comme M. Courbet, et nous le soupçonnons fort d'être indifférent aux théories qu'on lui prête. Il idéalise au contraire, tout ce qu'il touche ; sans altérer en rien la nature, il sait la revêtir d'une suprême beauté. C'est qu'il puise cette beauté dans les profondeurs de la réalité elle-même, dans un sentiment presque religieux de l'harmonie paisible qui règne entre l'homme et la nature. Son tableau de cette année, *la Falaise*, ne contient qu'un seul personnage, et c'est presque un poème. Du plus haut sommet d'une falaise, à côté d'une échancrure profonde, qui laisse apercevoir une plage argentée par les brisants, on découvre un vaste horizon d'eau bleue, bordé au loin par la silhouette vaporeuse d'une île ou d'un promontoire. Une pauvre paysanne est là qui contemple cette immensité. Elle tourne le dos au public et ne se doute guère qu'on la regarde ; immobile, couchée sur le ventre, ses deux jambes nues traînant par terre, elle s'accoude sur le gazon au bord même du précipice. Ses écheveaux de laine traînent à côté d'elle ; elle a interrompu son ouvrage pour méditer vaguement. On ne voit pas son regard, mais on le sent ; sa grosse tête carrée se découpe sur l'horizon, coiffée d'un bonnet blanc ; son visage hâlé, aux traits grossiers, à la forte charpente, se présente de profil perdu, largement dessiné en quelques traits rudes et primitifs, comme un bloc de granit resté à l'état d'ébauche ; son corps lourd et naïf à la large encolure, à la carrure compacte, s'étale tout de son long dans la posture la plus naturelle et la plus dénuée de coquetterie, sous les plis épais d'une casaque de tricot et d'une grosse jupe de laine. Peut-être quelques morceaux de cet accoutrement manquent-ils un peu de relief et de précision ; ce qu'il y a de certain, c'est que jamais figure humaine de cette dimension n'a été résumée plus sobrement, en traits plus larges et plus simples. De là vient cette grandeur d'aspect qui surprend dans un sujet si modeste. Cette sobriété des lignes, cette simplicité des plans, cette ampleur du modelé, quelquefois défectueux, mais toujours imposant, nous ramènent bien loin dans le passé, à l'art égyptien de l'époque primitive. A voir cette paysanne couchée qui regarde la mer, on se prend à songer à la silhouette colossale du sphinx qui regarde le désert. Comme lui, elle est le seul acteur de la scène et elle fait partie de la nature, dont elle semble interroger l'éternel mystère.

Section V

Le réalisme ainsi compris touche de bien près au paysage, et c'est peut-être pour cela que notre école de paysage est aujourd'hui si florissante. Le paysage est le refuge naturel des idéalistes et des rêveurs dégoûtés des vulgarités artificielles de l'art contemporain ; il est la ressource des talents honnêtes qui ne se prêtent pas au charlatanisme et à la mode du jour. Pour échapper à la laideur et à la médiocrité qui le débordent de toutes parts, l'artiste véritable se jette volontiers dans le sein de la nature inanimée ; il la prend pour confidente de ses secrètes émotions et de ses pensées intimes, il s'adresse à elle pour fuir le commerce d'une civilisation qui ne le comprend plus.

Mais là encore nos peintres ont de la peine à dépasser les horizons bornés de la vie bourgeoise. De nos jours, la nature elle-même se transforme à l'image de l'homme. Partout les vastes solitudes, les larges horizons, les aspects sauvages tendent à faire place à une nature plus petite, plus modeste, enjolivée et morcelée par la main de l'homme. Il se produit dans l'art un phénomène analogue : on a une tendance chaque jour plus visible à abandonner les grandes scènes naturelles ou les grands paysages savamment composés pour rechercher les détails, les petits recoins familiers, les beautés intimes, une chaumière moussue, un buisson, une haie vive, une mare, un verger, un chemin creux, une étroite, clairière au fond d'une forêt, un carré de luzerne, un champ de blé mûr. Voilà les sujets que préfèrent nos paysagistes modernes, d'accord en cela avec les goûts réalistes et avec l'esprit positif de leur temps.

Ce penchant à faire petit, même dans de grandes proportions, et à remplir des toiles souvent trop vastes avec des sujets trop restreints, se révèle même dans les ouvrages de ceux de nos peintres contemporains qui ont le goût de la grandeur et qui ont gardé quelque chose des anciennes traditions classiques. Le patriarche des paysagistes, M. Corot lui-même, semble obéir depuis quelque temps à une inspiration plus familière ; il nous semble cette année moins grand poète que de coutume et plus visiblement préoccupé du procédé pittoresque. M. Français excelle encore à donner un dessin précis et une forme presque académique aux caprices de la nature végétale, sans leur imposer la symétrie architecturale d'un style trop exclusivement décoratif ; mais il se restreint de jour en jour à des compositions plus modestes. L'aimable M, Fromentin, dont le talent semblait s'être agrandi à l'aspect des horizons du désert, revient au genre soyeux et fin de ses premières scènes algériennes, peuplées de montagnes sans solidité et de charmantes cavalcades multicolores. M. Harpignies, rude, anguleux, presque sauvage, dessine toujours les rochers et les arbres avec une dureté vigoureuse et un style sculptural empreint d'une certaine fierté ; mais les vastes horizons lui manquent, l'air ne circule pas librement dans ses toiles sans harmonie et sans profondeur. Les magnifiques toiles de M. Van Marcke, peuplées de belles vaches au pelage roux et blanc, errant dans de gras pâturages au bord de quelque ruisseau où elles s'abreuvent, sur la lisière de quelque forêt au feuillage bruni, sont d'un excellent élève, presque d'un émule de Troyon ; mais avec tous leurs mérites positifs elles n'ont aucun caractère individuel, elles manquent de ces grandes échappées que Troyon ouvrait sur la nature champêtre, de ce profond sentiment naturaliste auquel il savait associer parfois jusqu'aux animaux des champs. Elles ne laissent d'autre souvenir que celui d'un joli morceau détaché d'un paysage et habilement transporté dans un tableau.

Force nous est de nous adresser à un barbare, qui est parfois un barbare de génie, qui est toujours un homme d'une merveilleuse habileté pittoresque ; nous voulons parler de M. Daubigny père. Son tableau des *Champs au mois de juin* fera sourire bien des gens ; on se demandera pourquoi ces énormes coquelicots qui remplissent de leurs taches rouges et de leurs tiges colossales un premier plan tout uni sans rien qui arrête le regard. Or c'est grâce à ces coquelicots audacieux que la vigoureuse verdure des champs, qui leur succède au second plan, peut s'enfoncer dans le lointain sans rien perdre de sa vigueur ; c'est à ces coquelicots insolents que le tableau tout entier emprunte et sa profondeur et sa tonalité puissante, rehaussée encore par un ciel bleu violacé, baigné de ces lourdes vapeurs d'été qui absorbent la lumière et la transforment, pour ainsi dire, en chaleur visible. C'est un procédé, dira-t-on ; qu'importe, si par ce procédé M. Daubigny parvient à rendre fidèlement un des grands aspects de la nature ?

Encore un barbare que M. Wahlberg ; on le voit de reste aux colorations hardies et un peu confuses de son *Port de pêcheurs dans la Baltique*. Il y a là un désordre dans l'emploi de la vigueur, il y a des puissances de second plan, des faiblesses de premier plan qu'on pourrait peut-être tolérer dans une aquarelle, mais qui en aucun cas ne sont pardonnables dans une peinture à l'huile. En revanche, quel chef-d'œuvre que le *Bois de hêtres* ! Que d'air et d'espace dans le demi-jour de cette futaie, sous cette colonnade de troncs moussus, sur ce brun tapis de feuilles mortes ! Que de transparence dans ces ombres mouvantes, que de franchise même dans ces paillettes lumineuses, qui sont cependant jetées trop brutalement sur le sol. On admire les futaies de M. Diaz, qui ne sont que des empâtements surchargés et des variations chatoyantes sur l'harmonie du rose et du bleu. Ici les empâtements sont mis à leur place et employés sans excès ; l'harmonie générale des couleurs, bien plus profonde, repose sur deux notes dominantes plus sévères, mais plus vraies, le vert de la feuille vivante et le brun de la feuille morte.

Tout autre est la manière de M. Emile Breton. Le paysage, tel qu'il le comprend et qu'il l'aime, n'est pas le paysage libre et varié, ouvert à l'air, à la lumière, à tous les souffles vivifiants de la nature ; M. Breton s'enferme volontiers dans un cadre étroit et sombre où peu d'objets peuvent trouver place ; il s'efforce d'arriver à l'effet tragique par la grande simplicité de l'aspect. Son horizon est restreint, son ciel bas et voilé, ses forêts sont noires et épaisses ; il aime à couvrir la terre d'un triste manteau de frimas. La toile intitulée *l'Automne* est encore plus renfermée et plus étouffée que d'habitude ; elle représente, sous un ciel noir, le lit resserré d'un ruisseau plein d'herbes vertes, bordé d'arbres brunis et jaunis ; au bout de cette espèce de ruelle encaissée dans la forêt, on aperçoit une cabane de celles que La Fontaine appelait, dans sa langue pittoresque, une « chaumine enfumée. » Le tout est d'une couleur riche et forte, mais sans assez d'air ni de profondeur. *Le Crépuscule sous la neige* représente l'entrée d'un village, où quelques lueurs commencent à paraître aux fenêtres des chaumières ; à l'horizon, la silhouette frileuse d'un clocher neigeux se dessine sur une lueur jaune qui perce entre des nuages noirs. Ce tableau, d'une facture large et robuste, respire cette espèce de désolation puissante, qui est le propre du talent de M. Emile Breton.

Si M. Breton fait de la tragédie, M. Daliphard fait du mélodrame. Sans parler de la difficulté vaincue, il y a des morceaux excellents et des intentions ingénieuses dans son *Printemps au cimetière*. Malheureusement l'antithèse est trop bien soulignée par des crudités fausses et par des contrastes un peu criards. Les pommiers en fleurs qui ombragent de leurs rameaux blancs les croix noires plantées dans l'herbe épaisse sont eux-mêmes un peu grisonnants, et l'on dirait qu'ils se sont mis en deuil. C'est surtout dans la peinture de paysage que la subtilité est un écueil. Pour produire une impression forte, il faut des effets francs et simples. Voyez plutôt *le Bosquet aux chevreuils* et *la Route blanche* de feu M. Chintreuil. Rien ne jure dans ces deux toiles. Dans la première, le ciel blanc et voilé qu'anime une nuance de bleu vif et frais, la forte verdure des taillis de chêne, la fine verdure du gazon, tout s'accorde au premier coup d'œil, tout forme un concert harmonieux que domine la note grise des chevreuils surpris au gîte. *La Route blanche* est peut-être plus saisissante encore. Les arbres, d'un vert sombre, qui bordent le chemin, le ciel d'un bleu un peu dur, les moissons dorées des deux côtés de la route, opposant leur lumière blonde à sa lumière blanche, tout s'y tient d'un seul morceau, tout concourt à rendre l'effet brutal d'un de ces soleils implacables qui en été dardent leurs rayons sur la campagne au milieu du jour. Ces deux tableaux, d'une mâle sincérité, nous font grandement sentir la perte de M. Chintreuil. Les primeurs de M. César de Cock ne sauraient nous en consoler ; quoiqu'elles gardent toujours,

..... en leur jeune âpreté,

D'un fruit à peine mûr l'aimable crudité,

leur acidité aigrelette nous paraît presque fade en comparaison des saines et fortes saveurs de M. Chintreuil. ou reste M. de Cock se répète trop lui-même ; il serait temps qu'il abandonnât ses dessous de bois printaniers aux molles transparences pour affronter le grand air et le plein jour de la campagne. Il faut en dire autant de M. Pelouse, qui dépense un prodigieux talent à faire des tours de force qui ne sont pas des œuvres d'art. Sa vaste toile intitulée *A travers bois* ne représente qu'un fouillis de broussailles, presque de grandeur naturelle, peintes avec une habileté merveilleuse et une exactitude infinie de dessin et de couleur ; mais naturellement les lignes manquent, la lumière se disperse, et cet incroyable effort de précision aboutit à un effet de confusion. M. Pelouse, comme M. César de Cock, voit trop la nature par les petits côtés. A force de se noyer ainsi dans les détails et de les rendre avec cet amour minutieux, il lui arrive ce que les Allemands expriment si bien lorsqu'ils disent que « les arbres empêchent de voir la forêt. »

Passe encore pour les broussailles de M. Pelouse ; il a peint ce qu'il a vu, et il ne faut pas trop lui en vouloir. Ce qui est plus surprenant, c'est de rencontrer un défaut tout pareil chez un peintre de marine. S'il est un genre qui interdise d'être mesquin, c'est assurément celui-là. M. Lansyer le sait mieux que personne, lui qui a tant de fois rendu avec bonheur la grandeur et la liberté des horizons maritimes. Le voilà cependant qui fait comme M. Pelouse et pis encore, car la mer l'empêche de voir la côte, et la côte l'empêche de voir la mer. Dans son tableau des *Brisans du Stang*, il n'y a ni premiers plans ni horizon. C'est un tumulte incompréhensible de rochers sans solidité et d'eaux sans fluidité, de sorte qu'il est impossible de savoir si ce sont les vagues qui se brisent sur les rochers ou les rochers qui flottent sur les vagues. M. Masure, qui, après avoir passé des lacs italiens aux côtes de la Méditerranée, revient aujourd'hui de la Méditerranée à l'Océan, pour le rapetisser aux proportions méditerranéennes, ne donne à ses tableaux de la côte de Granville que des premiers plans bénins et sans grande vigueur ; du moins il ne s'amuse pas, comme M. Lansyer, à brouiller la terre et la mer et à intervertir les rôles entre les éléments.

C'est bien l'Océan dans toute sa tristesse et dans toute sa puissance que représente le tableau de M. Mesdag, *la Mer du Nord*, Les hautes lames furieuses arrivent en longues files sur une plage basse avec des transparences jaunes et limoneuses et des crêtes hérissées qui se déchirent en lambeaux d'écume. On est au ras de la mer, dans le ruissellement des nappes d'eau qui s'étendent au loin sur le sable, et l'on se sent presque sous la vague, qui s'élève jusqu'à l'horizon. On croit entendre la monotone cadence et le ronflement continu des grandes lames qui viennent, l'une après l'autre, s'écrouler et s'allonger sur la plage. Quelques voiles ou quelques pointes de voiles s'entrevoient du côté de la pleine mer. Le ciel est obscurci par des masses de nuages brouillés que le vent balaie par rafales. *L'Hiver à Scheveningue* est encore une toile bien frappante avec ses horizons jaunes et ses grosses carcasses de navires échoués sur une plage boueuse à moitié couverte de neige. La *Bruyère de Drenthe*, avec ses dunes sablonneuses, ses bouleaux nus et ses broussailles dépouillées, sort aussi de l'atelier de M. Mesdag ; c'est un paysage bizarre et d'une facture un peu informe, mais d'une poésie triste et désolée qui serre le cœur.

Bercy en décembre, c'est le titre d'une magnifique toile de M. Guillemet, qui n'a pas eu besoin, comme on le voit, d'aller chercher bien loin les vastes espaces et les horizons sublimes. La Seine entre ses deux quais, avec ses berges nues, ses lourds bateaux amarrés sur les deux rives, des entrepôts, des hangars, une file de maisons vulgaires qui fuit avec une perspective incomparable ; au loin, des ponts, des quais à perte de vue, la silhouette de Notre-Dame et du Panthéon, tout le panorama de la grande ville, sous un ciel gris, modelé sans accidents, sans artifices, trempé d'un bout à l'autre d'une lumière uniforme, mais s'étendant bien loin par-delà l'horizon, dans une profondeur infinie, voilà tout ce tableau d'une réalité sévère, d'une simplicité imposante, d'une facture à la fois consciencieuse et large, délicate et forte, d'un effet d'autant plus étonnant qu'il ne s'y mêle aucun charlatanisme. M. Guillemet nous prouve que la grandeur est partout dans la nature pour ceux qui la sentent et qui savent la trouver.

Section VI

La peinture de paysage est une aimable oasis où l'on se repose agréablement des médiocrités de la peinture de style et des vulgarités de la peinture de genre. Ce n'est pourtant point de ce côté qu'il faut chercher l'avenir de l'école moderne. S'il doit y avoir une réforme de l'art, ce n'est point dans ce sens qu'elle peut avoir lieu. Le paysage est au grand art ce que l'instrumentation est à la musique ; c'est un art de second ordre qui ne saurait fleurir tout seul. Le véritable fondement des arts du dessin est dans l'étude de la nature vivante et particulièrement dans celle de la figure humaine. La peinture contemporaine nous intéresse surtout à cause des idées et des mœurs qu'elle exprime ; mais au point de vue de l'art, ce qui doit nous intéresser le plus, c'est la sculpture.

La sculpture est à la fois l'art le plus réel et le plus idéal, — le plus réel parce qu'il embrasse un sujet restreint, une réalité positive, et qu'il est obligé d'en faire le tour pour la posséder tout entière, — le plus idéal, parce que, dans sa lutte avec la réalité, il se voit obligé d'en pénétrer plus profondément et d'en exprimer plus fidèlement le sens idéal. En sculpture, il n'y a pas de négligences possibles, pas d'à-peu-près, pas de fantaisies permises ; on ne peut point racheter la faiblesse de la pensée ou la mollesse de l'exécution par l'effet décoratif ou par la magie de la couleur. Une sévère discipline pèse sur l'artiste. Il faut qu'il soit à la fois très positif et très abstrait, très exact et très dédaigneux des détails purement pittoresques ou des minuties de l'exécution. Les sculpteurs qui aiment les tours de force et qui veulent contraindre le marbre et le bronze à rendre des effets étrangers au génie de la sculpture viennent se heurter aux lois naturelles qui président à cet art sévère. Il en résulte chez eux une certaine tenue, un certain sérieux dans les études, une certaine dignité de style, qui font de l'atelier du sculpteur le dernier, mais inexpugnable refuge des saines traditions et du grand art.

Aussi est-ce avec un vrai bonheur que nous constatons une fois de plus l'état florissant de la sculpture française. Elle n'est pas irréprochable assurément ; elle vit sur le même fonds d'idées que sa sœur, la peinture de style ; elle a donc beaucoup des mêmes tendances et des mêmes travers. Elle se laisse aller trop aisément à l'emphase banale, à la platitude bourgeoise ou à la vulgarité populaire ; elle recherche trop souvent la fausse distinction, l'expression sentimentale, la morbidesse, la sensualité élégante ; elle se plaît même quelquefois à des raffinements pittoresques, à des travaux de bijouterie qui ne sont point de son domaine, et qui rappellent les enjolivements exagérés de la peinture de genre. Néanmoins ces défauts y sont atténués, idéalisés, presque ennoblis ; les idées justes y sont exprimées dans un langage plus sobre et plus mâle ; les idées fausses y deviennent si choquantes qu'elles se font, pour ainsi dire, justice elles-mêmes. En somme, la sculpture française est vivante et saine ; elle témoigne d'efforts consciencieux et d'une conviction persévérante, malheureusement peu soutenue par un public ignorant et dédaigneux. Raison de plus pour qu'on l'encourage ; si l'on donne encore cette année une grande médaille d'honneur, nous espérons bien qu'elle sera décernée au *Narcisse* de M. Dubois ou au *Gloria victis* de M. Mercié.

De ces deux œuvres vraiment supérieures, celle de M. Mercié est la plus inspirée et la plus émouvante ; celle de M. Dubois est incontestablement la plus parfaite. Debout au bord du ruisseau qui reflète sa merveilleuse beauté, Narcisse, couronné de fleurs, découvre son jeune corps avec une sorte de lenteur et de solennité grave ; il s'absorbe avec un recueillement profond dans la contemplation de son image. Il ne se penche point, comme un enfant curieux, sur le miroir qui lui renvoie ses traits ; en véritable artiste amoureux de lui-même, il compose avec soin sa beauté. Toute sa personne respire une langueur sérieuse et une voluptueuse fierté. Appuyé sur la jambe gauche, il soulève de ses deux mains, d'un mouvement souple et charmant, son manteau qui flotte de l'autre côté sur son épaule. Sa bouche sourit à moitié, mais son visage reste calme et pur. Son corps admirable et d'une tendresse presque féminine a cette beauté un peu froide qui est le signe même de la perfection. De quelque côté qu'on le tourne, il se présente avec une souveraine élégance, avec le port et le geste d'un dieu. Ses jambes fines et délicieusement modelées le portent avec une légèreté sans rivale. Derrière lui, un pan de son manteau traîne jusqu'à terre avec une ampleur de lignes qui n'a rien de pesant et qui développe sans les alourdir, ses formes adolescentes. Voilà bien l'image de l'éphèbe antique dont les poètes chantaient la beauté comme ils chantent aujourd'hui celle des femmes, et que l'admiration naïve d'une race amoureuse du beau plaçait d'emblée au rang des demi-dieux. Oui, cette incomparable fleur humaine méritait d'être divinisée, et, si M. Dubois était citoyen d'Athènes, le peuple lui voterait des couronnes pour l'avoir tirée du marbre de Paros.

En aurait-on fait autant pour le *Gloria victis* de M. Mercié ? Il est fort à supposer que les Athéniens auraient peu compris cette œuvre admirable, mais d'un génie tout différent du leur. Le glorieux vaincu de M. Mercié n'a rien de commun avec la légende du soldat de Marathon. Ce n'est même plus, comme son *David*, une belle imitation de l'art florentin ; cette fois c'est une création tout à fait originale, c'est la vision d'un peintre de génie réalisée par le plus audacieux des statuaires, c'est un groupe d'un mouvement si libre et d'un élan si hardi qu'on n'en a peut-être jamais vu de pareil. Un ange ou un génie enlève au ciel un jeune héros tombé sur le champ de bataille. Grand, mince, fier, le front grave et pur, la bouche sévère, les regards fixés avec sérénité dans l'espace, le céleste messager s'élance d'un mouvement facile et superbe, avec sa longue robe flottante et ses longues ailes largement déployées, emportant dans ses bras et soutenant sur son épaule le jeune homme qui s'affaisse, mortellement frappé. Il y a de l'amour et une sorte de colère sublime dans le geste souverain dont il saisit sa triste proie pour l'entraîner dans l'éternité : c'est la pensée qui prend sa revanche sur la force et qui s'enfuit indignée vers les régions sereines de l'idéal ; c'est la gloire qui couronne le sacrifice et qui recueille dans ses bras le héros consacré par la mort. Le jeune guerrier lui-même semble indiquer le ciel de son bras étendu et déjà presque défaillant ; de l'autre bras, il tient un tronçon d'épée qu'il agite encore ; son regard mourant descend vers la terre, et semble encourager ses compagnons à faire comme lui leur devoir. Il n'y a pas de mots pour exprimer la sublimité de ces deux figures : c'est un de ces poèmes en action dont aucune analyse ne peut donner l'idée.

Ce qui étonne peut-être encore davantage, c'est la difficulté vaincue. Quelle habileté il a fallu pour animer cette vaste machine, pour lui donner, au milieu de cette extrême complication de mouvements et d'attitudes, l'unité d'aspect, l'harmonie des lignes, l'équilibre aérien, sans lequel elle ne pourrait avoir l'élan et la légèreté du vol ! Quoiqu'elle s'élance en avant, on ne craint pas qu'elle tombe ; on sent qu'elle s'enlève et qu'elle plane. Ce merveilleux équilibre est dû à une harmonieuse opposition entre le haut et le bas du groupe. Tandis que la jambe gauche de l'ange sert de point d'appui, sa jambe droite se rejette fortement en arrière, entraînant la hanche ; le buste au contraire se tourne dans l'autre sens pour embrasser le corps du jeune homme ; les ailes suivent le mouvement du buste et servent de balancier à toute la figure. Les bras du blessé accompagnent ce mouvement et le suivent sans l'exagérer, de manière à assurer le centre de gravité de la masse entière ; ses jambes participent de la double impulsion donnée à la figure principale. Jusqu'aux genoux, qui sont de niveau avec la ceinture de l'ange, elles suivent le mouvement du buste ; au-dessous des genoux, elles rentrent dans le mouvement de la partie inférieure du corps. Enfin la tête de l'ange, se redressant dans l'axe intermédiaire entre ces deux mouvements contrariés, complète l'équilibre et donne la direction générale, ce qu'on appellerait en mécanique la résultante de ces deux forces. Comme on l'a dit bien souvent, « il y a de la géométrie dans l'art, » et ce dicton cesse d'être banal quand on l'applique à l'œuvre de M. Mercié.

La grande variété des aspects dans une œuvre de cette importance était un autre écueil encore plus dangereux. M. Mercié a su aussi l'éviter avec un rare bonheur. Sauf une seule exception dans le torse du mourant, dont la courbe, vue à quelque distance, est d'un effet étriqué qu'augmente encore la saillie des côtes, tous les aspects sont harmonieux et nobles. De profil, à gauche, l'entrelacement des bras de l'ange et des jambes du guerrier est admirable d'aisance et de simplicité. En arrière, ce qu'il pourrait y avoir de gauche et de grêle est sauvé par une superbe draperie. De profil, à droite, sur la face creuse du groupe, où rien ne rompt l'unité des lignes, l'œil ne saisit qu'un seul grand plan d'un élan inexprimable ; de magnifiques draperies, tantôt flottantes, tantôt collantes et moulées sur le corps, donnent de la couleur, relèvent les grandes lignes, font saillir les points où le mouvement se brise, et sauvent l'ensemble de toute monotonie. Le gros tampon d'étoffe qui malheureusement les termine est au contraire d'un effet assez disgracieux. Ce contrepoids, inutile à l'équilibre idéal du groupe, était probablement nécessaire à son équilibre matériel.

Il y a moins d'élévation poétique, mais il y a peut-être plus de vigueur et de solidité sculpturale dans la très belle figure allégorique du *Monument funèbre* de M. Hiolle. C'est encore un ange aux ailes déployées ou plutôt c'est une femme d'un type énergique et fier, mais d'un sentiment moins calme et moins pur. Elle ne s'enlève pas au ciel, elle en descend. Bien qu'elle pose à peine sur le sol, et que ses grandes ailes déployées soient prêtes à la remporter dans les airs, elle s'affaisse sur elle-même dans l'attitude d'un regret viril et d'une douleur presque humaine. Penchée en avant, à moitié agenouillée, à moitié assise, elle s'abat, pour ainsi dire, sur un trophée d'armes brisées que surmonte un canon renversé ; elle tient une couronne dans chaque main, et elle étend le bras pour en jeter une sur le tombeau des soldats morts pour la patrie. Son visage contracté exprime une mâle tristesse. Sa chevelure épaisse, un peu tourmentée, comme il convient à un bronze de ces grandes dimensions, ombrage son front incliné et ajoute à son air de deuil. Peut-être y a-t-il quelque brutalité dans ces détails comme dans l'aspect de la figure tout entière, mais le mouvement en est grandiose, et, — qualité bien rare chez nos sculpteurs, — il concilie dans une juste mesure ces deux éléments nécessaires de toute œuvre d'art, l'assiette sculpturale et l'action dramatique.

On peut en dire autant du *Rétiaire* de M. Noël, ouvrage d'un talent qui grandit chaque jour. Le jeune gladiateur s'avance presque en rampant, le dos courbé, le corps effacé, la jambe droite et l'épaule gauche en avant. Il tient son filet derrière lui de la main droite, prêt à le lancer sur sa victime. Sa belle tête se relève à demi ; son regard guette les mouvements de son adversaire avec une expression attentive et inquiète. Il y a dans toute son attitude quelque chose de l'allure souple et lente du chat qui va bondir sur sa proie ; on y sent la force concentrée, qui se ménage avec art et qui va se déployer par surprise. Ses membres, magistralement modelés, sont d'une structure robuste et fine, délicate et pleine à la fois ; ils ont un ressort et une détente qui rappellent le gladiateur antique, avec cette différence que le gladiateur est en action, tandis que le rétiaire de M. Noël est en arrêt devant son ennemi, attendant encore le moment d'agir. Le groupe de M. Granet, *Jeunesse et Chimère*, annonce du talent malgré de graves imperfections et malgré une imagination prétentieuse qui est moins voisine de l'antiquité ou de la renaissance que des allégories de M. Gustave Moreau. Le jeune homme, plutôt couché qu'assis sur le monstre, le regarde d'un œil fasciné en jouant avec les ornements de sa chevelure ; la Chimère retourne vers lui sa tête féminine et lui adresse un sourire de sirène en lui tendant sa patte de dragon. Le torse du jeune homme, presque parallèle au corps de sa fantastique monture, est d'un aspect disgracieux, sec et contourné ; mais la séduction qu'il subit est fort bien rendue. Le modelé de cet ouvrage a d'ailleurs des qualités agréables, étrangement mêlées à de grandes faiblesses.

La *Ménade* de M. Valette est une œuvre infiniment plus sérieuse et plus sage. Assise, les jambes croisées, sur une panthère, d'une main elle lui entoure le cou et lui renverse la tête, de l'autre elle lui tend une grappe de raisin que la bête caressante cherche à saisir. M. Valette n'a peut-être pas tiré tout le parti possible du contraste que lui fournissait ce sujet aimable et banal d'une femme nue jouant avec une bête féroce. Sa panthère ouvre la gueule avec un geste félin qui ne manque pas de grâce, mais elle est d'une facture un peu molle et trop fouillée ; on voit que M. Valette n'est pas un sculpteur d'animaux. La bacchante elle-même, souriante et familièrement assise sur sa sauvage monture, est peut-être conçue dans un sentiment trop calme et trop froid. C'est la déesse de l'ivresse aimable et du plaisir facile plutôt que la furie des orgies bachiques et la compagne des tigres amoureux. Du reste le *Pépin le Bref dans l'arène*, de M. Isidore Bonheur, qui est cependant un *animalier* de profession, à encore moins de mouvement et de vie, sans avoir autant de charme et de style, rien n'est plus déplaisant en sculpture que la représentation molle d'une action violente.

Nous pourrions signaler encore une *Victoire* colossale de M. Leroux, figure peut-être un peu banale, mais d'un beau mouvement et d'un aspect assez grandiose, — une *France en deuil* de M. Doublemard, d'un effet trop mélodramatique, — un *Persée* de M. Cordonnier, imitation très élégante et très heureuse des maîtres florentins, — un *Amphion* de M. Laoust, marbre d'un style noble et correct, d'un mouvement ferme et sculptural, — une assez belle tête de Mercure de M. de Groot, morceau détaché d'un groupe colossal dont il donné la meilleure idée, — une Bethsabée assise et fort largement conçue de M. Moreau Vauthier, — une *Prêtresse d'Eleusis* de M. Lebourg, femme nue qui souffle sur un encensoir doré, puis toute une multitude de discoboles, de satyres, de faunes dansants, de danseurs indiens, de Galatées, de Prométhées, d'Andromèdes, d'Érigones, enfin l'antiquité et la mythologie tout entières escortées des cinq parties du monde. Au milieu de cette encyclopédie générale de tous les sujets passés, présents et à venir, il y a, comme d'habitude, une lacune : c'est celle de l'art religieux.

Les statues religieuses sont pourtant fort nombreuses cette année ; mais les meilleures passent inaperçues, les autres ne se font remarquer que par leur extravagance. C'est à ce titre que nos yeux s'arrêtent sur le *Saint Jean-Baptiste* de M. Saint-Jean. Avec sa longue figure maigre ombragée d'une immense crinière pareille à la perruque d'un lord-chancelier, il rappelle la caricature fameuse de lord Brougham par Dantan. M. Saint-Jean aura lu quelque part que dans certains cas de folie les cheveux se hérissent, et il fait de sa science médicale un usage fort irrévérencieux. Une autre statue de saint Jean, par M. Lafrance, présente le déplaisant contraste d'une attitude ambitieuse et mélodramatique avec le corps grêle et étriqué d'un bambin de dix ans. *Le Christ au roseau*, de M. Thabard, n'est pas une œuvre vulgaire ; la douleur, la résignation, y sont bien exprimées, mais la divinité y manque, comme la fermeté et la beauté sculpturales. En général, la religion chrétienne, surtout celle de notre temps, avec ses fadeurs sentimentales ou sa poésie souffrante, convient assez peu à la sculpture. La sculpture est naturellement païenne, parce qu'elle est nécessairement saine et bien portante. Elle ne s'accommode à la poésie chrétienne que dans les sujets heureux ou triomphants, où elle peut du moins introduire quelque veine de paganisme.

C'est ce qu'ont fait les grands maîtres de la renaissance ; c'est ce que fait aussi M. Barrias dans son *Monument funéraire*. Des quatre statues assises qui en décorent les angles, il en est deux que nous connaissons déjà ; la troisième, qui représente sainte Sophie, est assez insignifiante ; elle a beau tenir une épée sur ses genoux et une palme à la main, elle ressemble, avec ses cheveux ondes et sa médiocre draperie, à une fausse impératrice romaine. La quatrième est une figure d'ange légèrement penchée en avant, laissant tomber, sur ses genoux ses deux mains jointes, inclinant un peu la tête sur son épaule avec un air de recueillement et de prière. Ses ailes ont une courbe gracieuse qui suit les mouvements de son corps. Les longs cheveux qui lui encadrent le front, le long manteau en forme de chasuble qui est agrafé sur son épaule, rappellent le type des jeunes assistants du miracle de Bolsena dans la célèbre fresque de Raphaël ; c'est un charmant composé du jeune lévite de la Bible et de l'éphèbe athénien du temps d'Alcibiade.

Il y a de la noblesse et de la gravité dans le beau bas-relief de M. Marqueste, *Jacob et l'ange*. Pour, mieux exprimer, l'élan que l'ange va prendre vers le ciel, l'artiste s'est gardé avec raison d'équilibrer mutuellement les attitudes de ses deux figures et de remplir également les deux côtés de la plinthe. L'ensemble du relief n'affecte ni la forme d'une pyramide ni celle d'un parallélogramme ; il se compose suivant une ligne oblique dans la direction du mouvement déjà commencé. Les pieds de l'ange ont déjà quitté la terre ; de son bras étendu il désigne le ciel, où il va s'envoler. Jacob, resté sur la terre, s'avance vers lui les mains étendues et cherche à le retenir en l'entourant de ses bras. Il y a un contraste heureux entre la figure tout humaine et terrestre du jeune berger à peu près nu et la silhouette éthérée du messager céleste, avec ses longues draperies flottantes et fluides. La facture même du relief est simple et correcte ; elle n'a rien de supérieur, mais elle n'a rien de choquant. En somme, c'est une œuvre qui fait le plus grand honneur au talent nouveau qu'elle nous révèle.

Section VII

Passons maintenant à la sculpture bourgeoise. Nous en trouvons le type le plus élevé dans *la Ceinture dorée* de M. d'Épinay. C'est une femme nue, comme de raison, et même une très jeune femme, dont le corps virginal a encore toute la fraîcheur et toute la pureté d'un beau marbre de Carrare, et cependant elle a déjà la physionomie et le genre de beauté du métier qu'elle va faire. Debout sur la jambe droite, elle se redresse en bombant la poitrine, et, ramenant ses deux coudes en arrière, elle agrafe avec complaisance la ceinture fatale. Voilà de la poésie bourgeoise, s'il en fut jamais ! On pourrait s'en consoler, si l'exécution elle-même n'était pas bourgeoise et, comme on dit aujourd'hui, toute de *chic*. C'est l'œuvre élégante d'un homme d'esprit, et d'esprit facile, qui a été l'élève de Dan tan, et qui s'inspire à ses heures sérieuses de la sculpture de Canova.

La *Léda* de M. Marcellin est dans le style du XVIIIe siècle ; c'est une imitation de Falconey, gracieuse toujours, mais pleine d'afféterie et de mièvrerie. Tout son jeune corps souple et lascif ondule et se replie comme le long cou du cygne amoureux qui caresse une de ses jambes. Pour que sa nudité paraisse encore plus provocante, elle retient sur son épaule le bout d'un tout petit manteau qui semble positivement dérobé à une toile de Watteau ou de Lancret. Ce petit groupe ornera à merveille le boudoir de la jeune vierge de M. d'Épinay. *Le Printemps*, de Mme Bertaux, fidèle aux femmes mordues par une mouche, trouvera place dans la chambre à coucher, et, s'il y a dans l'appartement une salle à manger égypto-pompéio-assyrienne, on y mettra la *Sémiramis* de M. Emile Hébert. La Rêverie d'enfant, de M. Chabrié, mérite de prendre place dans un intérieur plus vertueux. Ce bel enfant, à demi couché sur une chaise, d'un air moitié triste, moitié boudeur, une jambe pendante, un genou relevé, est trop aimable et trop bien sculpté pour aller grossir la pacotille de la demoiselle à ceinture dorée. Rendons la même justice à *l'Enfant au lézard*, de M. Bouré, sculpture d'imagination pauvre et d'exécution peut-être un peu maigre, mais souple de mouvement, suave et bien enveloppée. La dame du logis repousserait sans doute également *l'Enfant au tambour*, de M. Jannin, étude vivante et sincère, mais dont l'intention est difficile à saisir, et dont l'aspect n'a rien de plaisant. En revanche, avec quel plaisir elle rangerait sur son étagère, au milieu des potiches japonaises et des curiosités cosmopolites, *la Prêtresse d'Isis*, de M. Cordier, en bronze émaillé et multicolore ! Il est avéré que les anciens coloriaient souvent leurs statues ; les Grecs eux-mêmes le faisaient quelquefois, les Égyptiens le faisaient presque toujours. Ils avaient tort, mais il est probable qu'ils auraient bien ri devant cette momie tirée de son sarcophage et si pompeusement remise à neuf.

Après la statue archéologique, voici venir la statue moderne dans la personne du *Figaro*, de MM. Amy et Boisseau. La draperie classique fait place au vêtement, à la culotte de velours, au pourpoint brodé, au jabot de dentelles ; les lignes se brisent, la forme disparaît, la composition elle-même se surcharge de mille accessoires. C'est le tableau de genre transporté dans la sculpture avec son dessin chiffonné, ses effets pittoresques et ses intentions spirituelles. Ce *Figaro* n'est pas une statue, c'est une statuette de grande dimension. Cette guitare, ce bonnet, cette plume, cette ceinture, ces chiffons à mille plis, ces lignes capricieuses, tout ce travail de terre cuite s'accorde mal avec la blancheur du plâtre. On pourrait presque adresser le même reproche au *Lulli* de M. Schœnewerk. Cette statue ne rappelle le grand siècle que par sa lourdeur ; pour tout le reste, elle est une médiocre imitation du XVIIIe siècle et de son continuateur contemporain M. Falguière. Quoique le costume Louis XIV se drape plus aisément et se prête mieux à la sculpture que le costume espagnol, l'homme disparaît encore sous l'habit.

C'est là le grand écueil du portrait moderne. Les petits effets pittoresques, le soin et le fini des détails, le travail des cheveux et des étoffes, sont souvent indispensables pour dissimuler la laideur de nos accoutrements mesquins. Les bustes eux-mêmes ne peuvent guère s'en passer, à plus forte raison les statues en pied. Il est grotesque de représenter, comme on a longtemps essayé de le faire, un homme moderne dans la nudité d'un héros grec ou sous la toge d'un sénateur romain. D'un autre côté, l'habit bourgeois, comme M. Barre en fait la triste expérience dans sa remarquable statue de Berryer, s'accorde mal avec les formes athlétiques et les attitudes majestueuses. L'homme moderne, en sculpture, a besoin d'être ennobli ou romantisé : les grands artistes parviennent à l'ennoblir, les petits se contentent de le romantiser de leur mieux. De là le goût et l'abus des accessoires, de là cette invasion de barbes hérissées, de crinières sauvages, de chevelures savamment échafaudées, entrelacées de bijoux et de fleurs, ces bustes d'hommes pommadés ou incultes, ces bustes de femmes écrasées de parures, accablées de bouillons, de rubans et de dentelles. Pour un excellent morceau, comme l'*Henri Monnier* de M. Moulin, largement établi dans un sentiment gras et fin, à la façon du Vitellius antique, — pour un portrait sincère et honnête, comme celui de M. Hanoteau par M. Cougny, on rencontre une multitude de bustes tapageurs et prétentieux, comme celui de M. Chatrousse ou celui de M. Carolus Duran. Pour un marbre délicat et fin, comme le buste de Mme M...., par M. Falguière, ou celui de Mlle F. B., par M. Franceschi, on a M. Barrau, élève de M. Falguière, qui transforme une Française en Égyptienne, avec des serpents autour du bras et des anneaux d'or aux oreilles, on a M. Pécron, qui rivalise avec M. Manet, — on a surtout M. Carrier-Belleuse, un homme de grand talent qui manque de goût et dont les fautes sont trop brillantes pour ne pas gâter en même temps le goût du public. Son buste de Mlle Croizette, l'actrice bien connue de la Comédie-Française, exagère ce qu'il y a de commun et de maniéré tout à la fois dans cette beauté originale, mais un peu vulgaire. Il la représente en déshabillé galant, une épaisse draperie lourdement chiffonnée sur l'épaule, un paquet de roses sur le sein, tournant de côté son visage grimaçant et l'extravagant édifice de sa coiffure. Quoique ce buste ne descende pas jusqu'à la taille, il a quelque chose de contourné, et pour ainsi dire de *déhanché*, qui rappelle les chanteuses de certains concerts et les danseuses de certains bals publics. Le modelé même en est lourd, décousu et tapageur. N'en déplaise à M. Carrier-Belleuse, l'art du XVIIIe siècle était de meilleur aloi ; il avait tout au moins meilleure façon.

Le véritable héritier des traditions du XVIIIe siècle, c'est M. Carpeaux. Sa sculpture, traduite en marbre, perd bien quelque chose de sa chaleur et de son originalité pittoresque ; elle y gagne en revanche un moelleux et un fondu qui lui donnent plus d'unité. Le buste de Mme Sipierre, quoique un peu trop chiffonné, est gracieux et fin ; celui de M. Alexandre Dumas est une merveille. Les cheveux au vent, le col dénoué, le regard animé, la physionomie inquiète et pleine de vie, les lèvres crispées avec une expression amère et dédaigneuse, c'est bien là le poëte misanthrope, le moraliste chagrin, l'écrivain à la fois mystique et trivial que nous connaissons tous. Il y a aussi une statuette d'enfant, de M. Carpeaux, qui est un petit chef-d'œuvre, c'est *l'Amour blessé*. Coquet et couronné de roses, le pauvret se laisse tomber assis d'un air éploré ; il s'appuie languissamment sur sa main, ses larmes coulent, son carquois glisse à terre, sa puissance est évanouie. Rien de plus souple et de plus charmant que les lignes de ce corps enfantin, rien de plus fin et de plus fondu que le modelé de ces chairs tendres et potelées. Ce n'est qu'un aimable jeu d'esprit, un délicieux bijou d'appartement ; mais dans ce bijou si finement ciselé on reconnaît la main du maître.

Est-ce bien à ce genre élégant et pittoresque qu'il faut rattacher *le Moineau de Lesbie* de M. Truphême ? Oui, à ne considérer que le sujet lui-même et la composition maniérée ; non ; si l'on en considère l'exécution brutale, assez robuste, sans rien de gracieux ni d'efféminé. Le talent déclamatoire et un peu matériel de M. Truphême appartient plutôt, pomme le prouve d'ailleurs la coupe vigoureuse et presque grossière du buste de Mme M. M..., à cette nouvelle école de sculpture réaliste qui réagit, depuis quelques années, contre la fadeur bourgeoise et les mièvreries mondaines. A la sculpture bouffie, empâtée, chiffonnée et rocailleuse du XVIIIe siècle, cette école a substitué hardiment une méthode à la fois plus sobre et plus savante ; à l'exemple des Égyptiens et des Grecs, elle procède par les grands plans et par les grandes lignes extérieures en négligeant autant que possible les détails indifférents à l'ensemble. Parmi les artistes courageux qui ont déclaré la guerre aux élégances frelatées de la sculpture à la mode, il en est certainement qui manquent de goût et qui poussent trop loin l'esprit de révolte. Quelques-uns cependant ont rendu service à l'école moderne en rompant avec les procédés artificiels d'un art corrompu ; faute de l'idéal qui leur manque encore et auquel ils paraissent trop souvent avoir renoncé, ils ont retrouvé, dans l'étude assidue de la nature, quelque chose de la grandeur et de la solidité de la sculpture antique.

C'est M. Captier qui résume le mieux les défauts et les qualités de cette école. N'était la fougue juvénile qui parfois l'entraîne, et la grande exactitude qu'il apporte à l'exécution de presque tous ses ouvrages, on pourrait dire de lui qu'il est le Courbet de la statuaire. S'il y a peu d'artistes aussi dénués d'imagination et de goût, il y a peu de sculpteurs naturellement doués de facultés aussi puissantes. Son groupe colossal d'*Adam et Eve*, d'ailleurs passablement agencé et d'une composition plus calme qu'on n'attendrait de cet artiste, saisit au premier coup d'œil par une certaine lourdeur imposante, par la grande largeur des plans et par l'extrême simplicité du modelé. Adam est assis et entoure de sa main pesante la taille épaisse de sa compagne ; Eve, debout près de lui, lui pose un bras sur l'épaule et lui remet de l'autre main la pomme fatale, tandis qu'Adam la considère et l'interroge du regard. Mais laissons cela de côté ; la scène est pauvrement conçue, platement traitée, peu intéressante enfin. Ce qui nous intéresse, c'est l'ample facture de ces deux corps robustes et superbes, presque beaux, à force de puissance, dans leur héroïque bestialité. L'Adam est cousin germain de l'Hercule Farnèse et du *Boxeur* de M. Courbet ; l'Eve est une sorte de Junon encanaillée, apparentée tout à la fois à la Vénus de Milo et à la *Baigneuse* de M. Courbet. Son torse charnu, ses vastes hanches, ses jambes vigoureuses, ses larges épaules, tout ce corps de paysanne se déploie d'un seul jet, avec un modelé *ronflant*, où la sobriété même des plans concourt à la plénitude des formes. Du reste, aucune noblesse d'attitude, aucune grandeur d'aspect, aucune entente des côtés poétiques de l'art sculptural. On est confondu, que des qualités de premier ordre puissent ainsi se concilier avec une imagination stérile et avec un goût trivial. Dans l'ensemble, c'est une œuvre commune, mais ce n'est pas une œuvre médiocre ; il faut la considérer au point de vue du métier comme une simple étude. A cette condition, c'est de la grande et même de la très grande sculpture ; c'est presque de l'antique, avec l'idéal en moins.

La vigoureuse et excellente étude de M. Perrault, *la Parade*, est conçue dans le même sentiment positif et réaliste, avec une nuance académique en plus ; cela est naturel, puisqu'il s'agit d'un boxeur posé selon toutes les règles de l'escrime. *Le Chien de Montargis* de M. Debrie, dont le sujet est emprunté à une anecdote bien connue d'un de nos anciens chroniqueurs, mêle à la même énergie réaliste et à la même vigueur d'exécution une violence d'action et d'expression qui ne convient pas à la statuaire. Sans parler de la difficulté matérielle de faire tenir en équilibre un homme qui tombe à la renverse, il a fallu beaucoup de talent pour rendre les grimaces d'un homme pris à la gorge par un chien furieux ; mais c'est du talent mal dépensé. La sculpture n'est pas faite pour éterniser l'image des contorsions de la douleur physique.

L'*Orphée* de M. Tournois n'exprime du moins que la douleur morale. Avec moins de puissance que M. Captier, mais avec la même grandeur de plans et la même largeur dans le modelé, il montre ce que les statuaires de la nouvelle école gagneraient à mettre leurs éminentes facultés sculpturales au service d'une inspiration plus élevée et d'un goût plus sévère. Il y a bien des faiblesses dans cette statue ; les jambes et le genou droit en particulier sont traités avec une largeur qui va jusqu'à la négligence et jusqu'à l'indécision ; mais le torse est beau, la pose, un peu tourmentée, exprime à merveille l'effort du chanteur qui cherche à faire passer toute son âme dans sa voix. Les lignes générales, quoique un peu lourdes, ont une certaine suavité noble qui rappelle le prisonnier de Michel-Ange. C'est une de ces œuvres sérieuses et sincères dont les imperfections même témoignent d'un sentiment profond de la nature et d'une intelligence élevée des moyens d'expression dont l'art dispose.

Section VIII

Arrêtons ici cette revue bien succincte et pourtant déjà trop longue des productions de l'année, et tâchons d'en tirer la morale, si toutefois il y a une morale à en tirer. La peinture de style est d'année en année plus malade ; la peinture de genre est surabondante, et s'épuise par cette abondance même ; la peinture de paysage est la plus florissante de toutes, mais, tout absorbée dans le détail, elle a perdu le secret des grandes harmonies ; la sculpture seule se maintient et se régénère. Dans l'une et dans l'autre branche de l'école française, une réaction salutaire se produit contre le maniérisme bourgeois et contre les élégances frelatées des artistes à la mode ; mais cette réaction, à laquelle est attaché l'avenir de notre école, n'a pas encore donné tous les résultats qu'on en doit attendre, elle n'a guère abouti jusqu'à présent qu'à un réalisme assez trivial.

C'est qu'il en est aujourd'hui dans l'art comme dans la littérature et dans la société tout entière : on y est désorienté, découragé, démoralisé. Ce n'est pas le talent ni l'esprit qui manquent, ce sont les idées, non pas les idées nouvelles, mais les idées sincères, sérieuses, originales par cela même, les idées échauffées par une passion vraie et pensées par celui qui les exprime. On a peu de cette élévation naïve qui repose sur le désintéressement de la pensée, peu de cette chaleur communicative qui naît de l'enthousiasme sincère et du complet oubli de soi-même. On fait de l'art comme on fait du journalisme et comme on fait de la politique, sans desseins arrêtés, sans fortes croyances, moitié par intérêt, moitié par amusement, quelquefois par gageure ou par vanité. On cherche avant tout ce qui réussit, et l'on pense qu'avec un certain tour il n'y a rien qui ne puisse réussir. Tantôt on explore des voies nouvelles, on tente les entreprises excentriques, on les poursuit jusqu'à leurs plus absurdes conséquences avec le sang-froid aventureux des esprits blasés ; tantôt on se rejette en arrière, on entreprend des résurrections artificielles, des imitations platement surannées, et l'on s'appuie, pour les justifier, sur ce pitoyable argument du scepticisme : il faut toujours essayer. » Les vocations deviennent de plus en plus rares ; ce n'est pas la nature qui les produit, c'est la fantaisie qui les décide. On s'essaie dans tous les genres, sans être porté vers aucun par une préférence naturelle, ni par un attrait passionné. C'est une aventure que l'on tente, une entreprise que l'on fait, parfois un rôle que l'on soutient ; ce n'est pas une conviction à laquelle on cède. Tableaux religieux, tableaux d'histoire, tableaux exotiques, tableaux archaïques, tableaux familiers, s'improvisent à la hâte et se fabriquent indifféremment par les mêmes procédés. On passe d'un genre à l'autre. suivant la mode, jusqu'à ce que l'on ait fait un ouvrage qui réussisse et qu'alors on répète à profusion. Les préoccupations industrielles priment les goûts naturels de l'artiste, — l'art est mis au service de la personne, quand c'est la personne elle-même qui devrait se dévouer au service de l'art. L'artiste moderne, comme l'écrivain moderne, lorsqu'il n'est pas un pur ouvrier ou un charlatan grossier qui spécule sur le mauvais goût public, n'est la plupart du temps qu'un demi-amateur, tant soit peu sceptique et blasé, qui se sent lui-même supérieur à son œuvre et pour qui l'art n'est qu'une carrière ou un moyen de parvenir.

A cela, quel remède pratique ? Faut-il le chercher, comme le proposait il y a quelque temps un de nos législateurs, dans l'institution d'une commission de magistrats et d'évêques, spécialement chargés de discipliner et de moraliser l'école française ? Sans aller tout à-fait aussi loin, faut-il le chercher dans une meilleure distribution des encouragements officiels ? Assurément il y a quelque chose à tenter. Au lieu de faire fabriquer sur commande de mauvais tableaux et de mauvaises statues, dont il impose les sujets sans égard aux aptitudes des artistes, l'état ferait mieux d'acheter les belles œuvres originales partout où elles se présentent ; au lieu de les disperser dans des galeries de province, où personne ne va les voir, il devrait en faire un musée spécial, où les artistes pourraient venir souvent s'échauffer d'une émulation salutaire que les modèles des maîtres anciens ne sauraient leur inspirer au même degré. Ce sont là cependant de petits moyens qui ne peuvent avoir que de petits résultats. Pour régénérer l'école moderne, il faudrait pouvoir changer le cours des idées de notre temps. L'art français est ce qu'il doit être dans la société où il se développe. Quand cette société sera moins frivole, moins sceptique, moins ignorante, l'art français pourra retrouver quelque chose de son ancienne grandeur.

ISBN : 978-1981233311